# VERS UNE NOUVELLE AFRIQUE?
## (TOME 1)

# VERS UNE NOUVELLE AFRIQUE?
## (TOME 1)

## RECUEIL DES RÉFLEXIONS ET SOLUTIONS POUR UNE NOUVELLE AFRIQUE

### MARTIN FONKOUA
### ARNAUD ROMEO NOUME

authorHOUSE®

Published by AuthorHouse 06/26/2014

ISBN: 978-1-4969-8022-9 (sc)
ISBN: 978-1-4969-8038-0 (e)

ISBN: 978-1-4969-8022-9 Couverture souple
ISBN: 978-1-4969-8038-0 Livre électronique (Ebook)

Any people depicted in stock imagery provided by Thinkstock are models, and such images are being used for illustrative purposes only.
Certain stock imagery © Thinkstock.

This book is printed on acid-free paper.

Because of the dynamic nature of the Internet, any web addresses or links contained in this book may have changed since publication and may no longer be valid. The views expressed in this work are solely those of the author and do not necessarily reflect the views of the publisher, and the publisher hereby disclaims any responsibility for them.

To order additional copies of this book, please contact:
Pour commander des copies additionnelles de ce livre, veuillez contacter:

AuthorHouse™ UK Ltd.
1663 Liberty Drive
Bloomington, IN 47403 USA
www.authorhouse.co.uk
Phone: (+44) 08001974150
Mailto: customersupport@authorhouse.com
Mailto: bkukorders@authorhouse.com

For telephone order, please quote reference number 619450 for volume 1 and 619451 for volume 2.
Pour passer vos commandes par téléphone, veuillez mentionner le numéro de référence 619450 pour le tome 1 et 619451 pour le tome 2.

This book is also available on Amazon websites and about 2500 online retailers around the globe.
Ce livre est également disponible dans les sites internet Amazon et dans environ 2500 sites internet dans le monde.

# AVERTISSEMENT

"Les auteurs aimeraient rappeler aux lecteurs que les informations contenues dans ce livre sont authentiques au moment de l'écriture du manuscrit. Les auteurs n'accepteront aucune responsabilité pour tout changement d'information qui aurait été réalisé pendant ou après l'écriture du manuscrit de cet ouvrage. Les auteurs ont fait des efforts immenses pour relayer des informations correctes au moment de l'écriture de cet ouvrage. S'il s'avère qu'une information incorrecte ait été par inadvertance publiée dans cet ouvrage, les auteurs s'en excusent sincèrement, mais ne pourront pas être tenus responsables. Certaines informations contenues dans cet ouvrage ont été tirées des sources variées dont l'authenticité ou la véracité ne peut être à 100% confirmée ou vérifiée.

Tout au long de cet ouvrage, les thèmes « enclos colonial », « entité coloniale » ou « prison coloniale » renvoient aux dénominations des différents territoires Africains appelés pays. Les auteurs estiment que les Africains ne pourront se considérer libres que lorsqu'ils accepteront de mettre sur la table de discussion, le problème de la délimitation des frontières héritées des puissances impérialistes qui ont découpé l'Afrique au gré de leurs intérêts (Berlin 1884-1885).

En maintenant les limites de ces frontières imposées, l'homme Africain vit dans un enclos, une entité ou encore une prison du fait que les délimitations géographiques n'ont pas été faites par lui même, mais par des personnes externes au continent. Ces personnes n'étaient guidées que par leurs propres intérêts dans cette entreprise de séparation des frères et soeurs Africains. Dans le processus de libération, les Africains doivent commencer par déconstruire de façon fraternelle ces limites et en fixer les leurs.

Ce thème ou concept est très utilisé par les auteurs Africains panafricanistes donc l'un des plus connus est Monsieur Komla Kpogli.

# PRÉFACE

La plupart des gens ne sont habitués qu'à entendre des mauvaises nouvelles venant d'Afrique (guerres, famine, catastrophes, épidémies, etc.). D'autres ont cessé d'espérer pour ce continent, y compris beaucoup d'Africains qui ont fini par perdre espoir de voir émerger une nouvelle Afrique. Bien que des facteurs externes tels que le colonialisme, le commerce des esclaves et actuellement les déséquilibres du commerce mondial aient causé et continue de causer des dégâts en Afrique, certains des obstacles les plus importants de l'heure restent internes: Les changements de mentalités des Africains, le tribalisme, leur facilité à servir comme relais pour l'impérialisme, sont parmi tant d'autres, les principaux défis qu'il faudrait surmonter. Voir une Afrique nouvelle c'est possible à condition que les Africains s'arment des éléments historiques, scientifiques et géostratégiques aptent à leur permettre de renaître.

Ainsi, cet ouvrage intitulé « Vers une Nouvelle Afrique (Tome 1) » est un recueil des réflexions, critiques et des solutions sur les défis présents et futurs de l'Afrique. Il décrit de manière suscinte les origines lointaines et présentes qui concourent au sous-développement du continent Africain. Ensuite le livre élabore des stratégies et des recommandations fiables qui appliquées par chaque citoyen Africain et surtout par ceux qui ont le pouvoir de décision, pourront favoriser la résolution de nombreux maux qui minent le continent Africain.

« Vers une Nouvelle Afrique (Tome 1) » est redigé dans un langage simple et s'adresse au public de tout bord: commerçants, élèves, étudiants, citoyens sans emploi, leaders d'opinion, dirigeants Africains et amis de l'Afrique, tout le monde y trouve matière à réfléchir. Le but principal est de contribuer au réveil Africain à travers des réflexions et solutions simples qui appliquées, pourront faire bouger les lignes en Afrique.

Loin des théories complotistes, ce livre essaye de montrer comment l'Africain peut être maître de son destin en prenant des décisions courageuses et judicieuses dans tous les domaines: Panafricanisme, Politique, Société, économie, religion, politique, culturel, science et technologie, gestion publique. L'Afrique a connu 400 ans d'esclavage et d'exploitation. Plus de 50 ans après les (pseudos) indépendances, le continent Africain fait toujours l'objet de pillage non seulement de la part des colonisateurs, mais aussi d'une certaine élite collaboratrice en manque de patriotisme.

Ce livre « *Vers une Nouvelle Afrique (Tome 1)* », qui est la première sortie d'une série de 2 tomes, met en exergue le pillage et l'exploitation du continent Africain, tout en faisant des recommandations appropriées pour un avenir meilleur. Il comporte quatre grandes rubriques à savoir le Panafricanisme, la Politique, la Société Africaine et l'Impérialisme. Le tome 2 qui est la continuité du tome 1, comporte les rubriques suivantes: l'Economie, la Politique, la Culture, les Sciences et Technologies, la Gestion des politiques publiques et la Religion.

« *Vers une Nouvelle Afrique? (Tome 1)* », est un livre qui est divisé en 4 thèmes et chaque thème comprend entre 5 et 8 chapitres qui éclaireront les lecteurs sur les différents aspects de la vie qui font que l'Afrique a du mal à se démarquer malgré ses différentes potentialités et ses richesses naturelles.

Les auteurs de cet ouvrage (Martin et Arnaud) tiennent à cœur le développement du continent Africain. Vu l'exploitation de l'Afrique par les puissances occidentales, vu la pauvreté qui règne dans cette partie du globe malgré ses richesses naturelles abondantes, vu le combat que mène les Africains pour leur libération et leur indépendance véritables, les auteurs ont décidé de donner leur modeste contribution à ce combat en mettant à la disposition du public Africain et non-Africain cet ouvrage qu'ils espèrent pourra réveiller bon nombre de personnes sur les vrais enjeux de ce monde et surtout du continent Africain.

Ce livre est un ouvrage de sensibilisation, de conscientisation et de combat. Nous espérons qu'après la lecture de « *Vers une Nouvelle Afrique (Tome 1)* », tout Africain ou ami de l'Afrique sera plus conscient des enjeux qui sont les siens et travaillera chacun selon son domaine de compétence et sa position pour une meilleure Afrique qui se prend en charge. Voilà notre plus grand souhait à tous les lecteurs de « VERS UNE NOUVELLE AFRIQUE? (Tome 1) ».

**Martin Fonkoua** *(DEA, PhD Student)*
*Diplôme d'Etude Approfondie (DEA)*
*Doctorant, Chercheur à l'Université de*
*Brasilia au Brésil*

**Arnaud Romeo Noume** *(BSc Hons, MSc)*
*Ingénieur en Mécanique,*
*Diplômé de l'Université de Bolton en Angleterre,*
*Diplômé Major de l'Université de*
*Nottingham Trent en Angleterre.*

# CONTENU

# INTRODUCTION

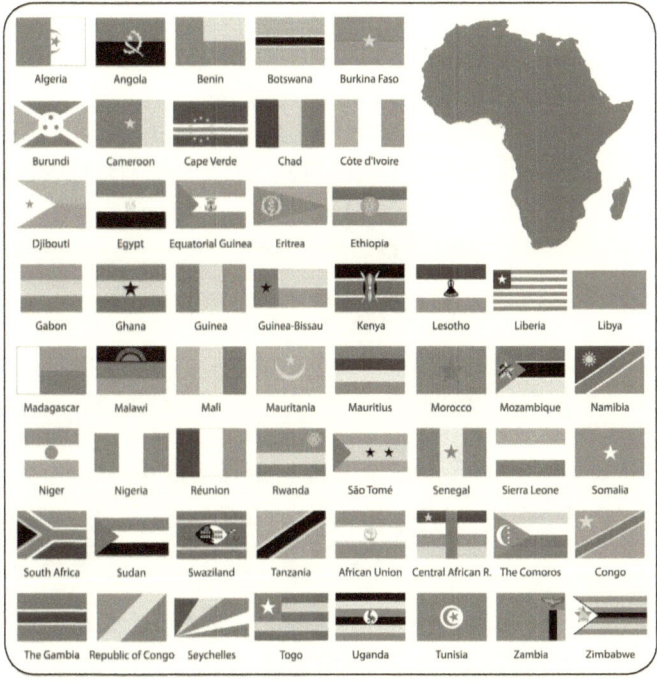

*Source: Dreamstime.com (Image purchased, 2014)*

Les auteurs de ce livre ne sauraient commencer cet ouvrage sans émettre leurs vœux de bonheur et de prospérité à tous les patriotes Africains qui rêvent d'une Afrique unie (Les États Unis D'Afrique).

Face à la ruse de l'occident qui tente toujours par tous les moyens d'empêcher cette union, beaucoup d'Africains prennent de plus en plus conscience de la duperie de ce monde. Mes frères, 400 ans d'esclavage ça suffit, 100 ans de colonisation puis de néocolonialisme ça suffit. Nous exhortons nos frères et sœurs Africains à s'informer et à lire car l'un de nos principaux défauts c'est le manque d'amour pour la lecture. Il faut lire et faire partager la véritable histoire de l'Afrique à ses fils afin qu'ils puissent comprendre l'évolution du monde et pouvoir apporter sans complexe aucun, leur contribution à l'émergence de l'Afrique et d'une humanité plus "humaine", loin des pouvoirs de l'oligarchie financière et des démocraties sous coups de bombes et bombardements.

L'Afrique a connu 400 ans d'esclavage et d'exploitation. 50 ans après les (pseudos) indépendances, le continent Africain fait toujours l'objet de pillage de la part des colonisateurs.

Cet ouvrage intitulé « Vers une nouvelle Afrique (Tome 1) » est un recueil des réflexions et des solutions sur les problèmes de l'Afrique. Il décrit de manière suscinte les tares et les évènements qui concourent au sous-développement du continent Africain. Ensuite le livre élabore des stratégies et des recommandations fiables qui appliquées par les décideurs, pourront favorisées le développement du continent.

Ce livre est destiné à tout le monde, de l'élève de l'école primaire jusqu'aux leaders Africains (politiques, économiques, traditionnels, religieux, sociaux et culturels), en passant par les leaders d'opinions et les jeunes qui seront l'avenir de l'Afrique de demain. Ce livre met en exergue le pillage et l'exploitation du continent tout en faisant des recommandations appropriées pour un avenir meilleur. Il comporte trois grandes rubriques à savoir le Panafricanisme, la Politique et la Société Africaine.

Le livre est divisé en 4 thèmes et chaque thème comprend entre 5 et 8 chapitres qui éclaireront les lecteurs sur les vraies raisons du sous-développement de l'Afrique. Les Auteurs de cet excellent ouvrage exhortent tous les Africains, Africaines vivant en Afrique ou de la diaspora ainsi que les amis (Européens, Américains, Asiatiques...) de l'Afrique à se procurer une copie de cet ouvrage. Nous encourageons également les leaders Africains (politiques, économiques, religieux, traditionnels, sociaux et culturels) à lire ce livre, le comprendre et le faire lire par leurs progénitures afin de favoriser la conscientisation et le réveil des Africains, conditions nécessaires à la construction d'une Afrique plus forte et plus entreprenante. Des Africains informés et conscients constituent l'arme la plus puissante contre l'exploitation anarchique du continent. Pour cela «Vers une Nouvelle Afrique? (Tome 1)» est d'abord un livre de sensibilisation et de conscientisation.

Ce livre est disponible dans vos librairies, en ligne dans les sites internets "Amazon", et des milliers d'autres sites internet y compris "Google". La version électronique (Kindle Edition) est également en ligne pour les amoureux du livre électronique.

# THEME 1: UNIR L'AFRIQUE

**Chapitre 1/1:** **La charte de l'impérialisme et de la recolonisation.**

*Source: Image by Arnaud*

La présente « charte » ignorée par beaucoup d'Africains, a été élaborée à Washington pendant la « traite négrière ». Puis, elle a été discrètement négociée à la « Conférence de Berlin en 1885 » au moment où les puissances occidentales se partageaient l'Afrique. Elle a ensuite été renégociée secrètement à Yalta au moment du partage du monde en deux blocs après la deuxième guerre mondiale et pendant la création de la « Société des Nations », l'ancêtre de l'ONU (Organisation des Nations Unies).

Cette charte constitue donc le fondement de la campagne d'agression et de spoliation du continent Africain. C'est «l'acte de naissance» de l'assujettissement officiel de l'Afrique. Elle permet de comprendre que le comportement de nos prédateurs n'est pas un fait du hasard, mais plutôt un complot planifié depuis des siècles. Chaque Africain devrait prendre conscience de cette charte afin de mieux interpreter les faits présents et futurs.

## I. Disposition Générale

### Article 1°: De la Devise.

La Devise de l'impérialisme est: Gouverner le monde et contrôler les richesses de la planète ; Notre politique est de diviser pour mieux régner, dominer, exploiter et piller pour remplir nos banques et faire d'elles les plus puissantes du monde.

### Article 2°:

Aucun pays du tiers-monde ne constitue un Etat souverain et indépendant.

### Article 3°:

Tout pouvoir dans les pays du tiers-monde émane de nous, qui l'exerçons par la pression sur les dirigeants qui ne sont que nos marionnettes. Aucun organe du tiers-monde ne peut s'en attribuer l'exercice.

### Article 4°:

Tous les pays du tiers-monde sont divisibles et leurs frontières déplaçables selon notre volonté. Le respect de l'intégrité territoriale n'existe pas pour le tiers-monde.

### Article 5°:

Tous les dictateurs doivent mettre leurs fortunes dans nos banques pour la sécurité de nos intérêts. Cette fortune servira de dons et crédits accordés par nous comme assistance et aide au développement aux pays du tiers-monde.

## II. Du Régime Politique

### Article 6°:

Tout pouvoir et gouvernement établi par nous est légal, légitime et démocratique. Mais, tout autre pouvoir ou gouvernement qui n'émane pas de nous est illégal, illégitime et dictatorial, quelle que soit sa forme et sa légitimité.

### Article 7°:

Tout pouvoir qui oppose la moindre résistance à nos injonctions perd, par ce fait même, sa légalité, sa légitimité et sa crédibilité. Il doit disparaître.

## III. Des Traités et des Accords

### Article 8°:

On ne négocie pas les accords et les contrats avec les pays du tiers-monde, on leur impose ce qu'on veut et ils subissent notre volonté.

### Article 9°:

Tout accord conclu avec un autre pays ou une négociation sans notre aval est nulle et de nul effet.

## IV. Des Droits Fondamentaux

### Article 10°:

Là où il y a nos intérêts, les pays du tiers-monde n'ont pas de droit. Dans les pays du sud, nos intérêts passent avant la loi et le droit international.

### Article 11°:

La liberté d'expression, la liberté d'association et les droits de l'homme n'ont de sens que dans le pays où les dirigeants s'opposent à notre volonté.

### Article 12°:

Les peuples du tiers-monde n'ont pas d'opinion, ni de droit; ils subissent notre loi et notre droit.

### Article 13°:

Les pays du tiers-monde n'ont ni culture, ni civilisation, sans se référer à la civilisation occidentale.

### Article 14°:

On ne parle pas de génocide, ni de massacre, ni de « crimes de guerre » ou « crimes contre l'humanité » dans les pays où nos intérêts sont garantis. Même si le nombre des victimes est très important.

## V. Des Finances Publiques

### Article 15°:

Dans les pays du tiers-monde, nul n'a le droit de mettre dans leurs banques un plafond d'argent fixé par nous. Lorsque la fortune dépasse le plafond, on la dépose dans l'une de nos banques pour que les bénéfices retournent sous forme des prêts ou d'aide économique au développement en espèce ou en nature.

### Article 16°:
N'auront droit à l'aide précitée, les pays dont les dirigeants font preuve d'une soumission totale à nous, sont nos marionnettes et nos valets.

### Article 17°:
Notre aide doit être accompagnée des recommandations fortes de nature à empêcher et briser toute action de développement des pays du tiers-monde.

## VI. Des Traités Militaires

### Article 18°:
Nos armées doivent être toujours plus fortes et plus puissantes que les armées des pays du tiers-monde. La limitation et l'interdiction d'armes de destruction massive ne nous concernent pas, mais concernent les autres.

### Article 19°:
Nos armées doivent s'entraider et s'unir dans la guerre contre l'armée d'un pays faible pour afficher notre suprématie et pour nous faire craindre par les pays du tiers-monde.

### Article 20°:
Toute intervention militaire a pour objectif de protéger nos intérêts et ceux de nos valets.

### Article 21°:
Toute opération d'évacuation des ressortissants des pays occidentaux cache notre mission réelle, celle de protéger nos intérêts et ceux de nos valets.

## VII. Accords Internationaux

### Article 22°:
L'ONU est notre instrument. Nous devons l'utiliser contre nos ennemis et les pays du tiers-monde pour protéger nos intérêts.

### Article 23°:

Notre objectif est de déstabiliser et détruire les régimes qui nous sont hostiles et installer nos marionnettes sous la protection de nos militaires sous la couverture des mandats des forces de l'ONU.

### Article 24°:

Les résolutions de l'ONU sont des textes qui nous donnent le droit et les moyens de frapper, de tuer et de détruire les pays dont les dirigeants et les peuples refusent de se soumettre à nos injonctions sous la couverture des résolutions du Conseil de Sécurité de l'ONU.

### Article 25°:

Notre devoir est de maintenir l'Afrique et d'autres pays du monde dans le sous-développement, la misère, la division, les guerres, le chaos pour bien les dominer, les exploiter et les piller à travers les Missions de Nations-Unies.

### Article 26°:

Notre règle d'or est la liquidation physique des leaders et dirigeants nationalistes du tiers-monde.

### Article 27°:

Les lois, les résolutions, les cours et tribunaux des « Nations-Unies » sont nos instruments de pression contre les dirigeants et les leaders des pays qui défendent les intérêts de leurs peuples.

### Article 28°:

Les dirigeants des puissances occidentales ne peuvent être poursuivis, arrêtés, ni incarcérés par les cours et tribunaux de l'« ONU », même s'ils commettent des « crimes de guerre », des « génocides » ou des « crimes contre l'humanité ».

En guise de conclusion, il est très important que la nouvelle génération des leaders Africains mette fin à cette charte dévastatrice du continent Africain. Sinon l'Afrique «noire» est mal partie comme l'avait déjà prédit l'agronome René Dumont dans son livre paru en 1962.

*Source: Musée de Tervuren*

# Chapitre 1/2: Cela sert-il à quelque chose de mourir pour les Africains?

*Ce Chapitre (à l'exception de l'image ci-dessous) est l'oeuvre de Komla Kpogli (Secrétaire Général du Mouvement pour la Libération Totale et la Reconstruction de l'Afrique (MOLTRA), qui est l'auteur de ce texte.*

*Source: Image by Cyrille*

Cette question aussi abrupte et provocante qu'elle puisse paraître mérite d'être posée en ce moment où l'un des derniers résistants (certes avec ses faiblesses et ses contradictions) en la personne du président Laurent Gbagbo est entre les mains des ennemis de l'Afrique. Sa capture et sa détention depuis lors, par ceux qui n'ont jamais voulu voir l'Afrique jouer un autre rôle en dehors de cette terre pourvoyeuse de matières premières quasi-gratuitement aux pays industrialisés qui lui fournissent des produits finis bas de gamme à prix exorbitants, de terrain de jeu pour les puissances qui y déversent leur excès d'antagonismes et de déchets de toute sorte, au lieu de pousser les Africains à montrer qu'ils sont capables d'être un peuple qui a compris les sales draps dans lesquels il est emballé, ont plutôt clivé.

L'immense majorité s'en est plutôt foutue, une majorité a jubilé et une minorité a déploré. Bref, la situation de manière caricaturale est résumée par ce «tirailleur sénégalais» moderne qui, à la capture du président Laurent Gbagbo, s'écria, un téléphone portable collé à l'oreille: *«on a attrapé Gbagbo: vive la libertééééééé !!!».*

Cette image, en réalité dramatique, traduit l'inconscience des Africains du rôle qu'on leur fait jouer pour se tuer eux-mêmes. Pour les metteurs-en-scène nichés à des milliers de kilomètres dans des palais présidentiels ou dans des tours de multinationales œuvrant en Afrique, cette image et ce cri de joie (décrit plus haut) ont dû faire sourire et faire dire «quel enculé? On vous a eu!»

### La route est encore longue pour parvenir à l'érection d'Africains conscients.

C'est dire combien au sein de notre peuple, il y a des gens à qui la déliquescence et la déchéance ne signifient pas grand chose. C'est dire aussi combien la route est longue pour parvenir à l'érection d'Africains conscients des faits du monde et aptes à identifier, simplement identifier, les intérêts de notre peuple. C'est triste!

Le spectacle est encore plus désolant lorsqu'on a vu Nicolas Sarkozy se faire acclamer lors de son passage en Côte d'Ivoire pour remettre les clés de la maison à son ami Alassane Ouattara. Nous ne sommes pas dupes pour savoir la manipulation et l'achat de consciences qui se cachent derrière ce type d'images sur lesquelles on trouve les humiliés accueillir en héros leurs bourreaux. Toutefois, voir seulement un seul Africain acclamer Sarkozy est une initiative idiote de trop. Mais l'idiotie fait-elle peur sous les tropiques? On se souvient d'ailleurs du discours de Sarkozy à l'université Cheick Anta Diop de Dakar où il a insulté l'Afrique durant des dizaines de minutes sous les acclamations d'un public décrit comme «l'élite de l'Afrique». Quelle est cette élite, élite de demain disait-on à l'époque à la télévision, qui acclame celui qui était venu dans son « je suis venu » christique injurier les Africains sur leurs propres terres? Il n'y a qu'en Afrique que pareille infamie est possible. Bush, essayant de réécrire l'histoire de l'Irak devant une presse bien que triée sur le volet, a dû esquiver les chaussures d'un journaliste Irakien qui n'en pouvait plus d'écouter la moquerie de cet envahisseur. C'est tout le contraire qui se produit en Afrique.

### Que Kwame Nkrumah revienne voir l'état des Africains.

Notre réalité est que nous sommes un pauvre peuple, un peuple mort, un peuple insouciant et indolent dans un monde vivant et agressif. Que Kwame Nkrumah revienne voir l'état dans lequel nous sommes. Que Sankara revienne voir les Africains. Que Lumumba revienne nous voir. Que Samory, Behanzin, Chaka Zulu, Sekou Touré, Sylvanus Olympio, Steve Biko... reviennent tous voir l'état du peuple pour lequel ils ont eu une vie pénible et pour qui ils sont morts pour la plupart, assassinés. Peut-être se demanderont-ils si leur mort a servi à quelque chose. Le constat est amer et il le sera davantage car beaucoup d'Africains habitués à la souffrance ou érodés par l'inconscience n'ont pas encore donné le meilleur d'eux-mêmes pour lacérer l'Afrique. Ils n'ont pas encore donné tout ce dont ils sont capables pour maintenir l'Afrique sous la tonte.

Afrique, chère Afrique, tu seras tondue jusqu'aux os, car certains de tes enfants ont décidé de t'immobiliser à cet effet. Ils ont choisi, par ignorance crasse ou par cupidité étriquée, de t'immobiliser comme un cabri pour que les vétérinaires, les maîtres du monde t'inoculent non point un vaccin pour te secourir de la mort, mais plutôt des substances létales.

Face à cela, certains ne sont pas restés indifférents ou spectateurs impassibles. Nous avons tenté des choses. Mais la désillusion est immense et au jour le jour la situation se détériore. Les moyens d'aliénation sont de plus en plus perfectionnés et beaucoup d'Africains pris dans les mailles du système louent les outils qui les tuent en réalité. Ainsi, dansent-ils, rient-ils, jubilent-ils face aux bombes et aux actions tutélaires d'un occident égoïste qui enrobe ses intentions dans le carton de l'humanitaire et des droits de l'homme. Dès qu'un Africain démasque ce faux et usage de faux, d'autres Africains crient au scandale, lui tombent dessus et le combattent à mort. En agissant ainsi, on démontre que cela ne nous pose aucun problème si notre territoire nous échappe totalement et si, à l'instar de la Côte d'Ivoire et de la Libye, l'occident vient y dicter sa loi.

### On ne peut libérer un peuple qui trouve qu'il est libre.

Le fait est qu'on ne peut libérer un peuple qui trouve qu'il est libre dans ses fers. On ne peut rien faire face à une majorité d'Africains prêts à être contre l'anti-colonialisme et à proclamer que l'Afrique ne subit rien de la part du monde extérieur. En vertu de cette conviction, des Africains sont capables de haïr à mort les leurs qui essayent de leur ouvrir les yeux sur la réalité du monde. C'est-à-dire que dans cette institution d'inversion des responsabilités installée par le colonialisme, les Africains prennent effectivement leurs ennemis pour leurs plus fidèles amis et leurs seuls amis pour leurs pires ennemis

Que faire si une large part de nous-mêmes n'a pas encore compris où se situe notre devoir et comment notre intérêt vital exige d'organiser à partir de nous-mêmes dans un esprit d'ensemble, les moyens de résolution de nos difficultés pour la plupart nées de la rencontre de l'Afrique avec le monde extérieur? Autant, il n'y a pas de créations sans créateurs, autant il n'y a pas de libération sans libérateurs. A nos enfants, nous dirons donc ceci: *«Nous avons essayé de vous laisser une autre Afrique, une voie en dehors de celle imposée par le colonialisme, nous avons essayé de ne pas vous laisser en héritage le statut de peuple à terre. Hélas! Nous avons été férocement combattus par beaucoup de nos propres frères et sœurs. Ces derniers se sont opposés à nous plus que les maîtres dont ils sont l'émanation et donc des alliés objectifs. Et en matière de combat d'un peuple, il n'y a pas plus redoutables adversaires que ses propres congénères. C'est ainsi que nous avons dû faire face simultanément à deux fronts: celui de notre propre peuple et celui des loups du monde extérieur. Un front solidement uni par les liens de sujétion, de fascination voire de subjugation que les dominateurs ont exercé et exercent sur la partie la plus arriérée et la plus aliénée de notre peuple».*

### Les larmes ne sont pas une arme.

Même si quelques Africains pleurent l'écrasement des héros de notre peuple, la vérité est que les larmes ne sont pas une arme face à un monde occidental qui ne lésine sur aucun moyen pour que l'Afrique lui soit éternellement accessible. Si les larmes et les jérémiades étaient la solution, l'homme noir aurait été libéré depuis. Lorsqu'il s'est retrouvé dans les chaînes et dans les cales de négriers, l'homme noir a pleuré, gémi et supplié, mais en vain.

Il reste donc que beaucoup trop d'Africains trouvent qu'il n'y a pas de problèmes là où il y en a massivement, en réalité. Pour eux, le colonialisme c'est fini; même s'il a frappé en Côte d'Ivoire et en Libye sous leurs yeux. Même si l'économie Africaine fonctionne toujours sur le modèle du pacte colonial avec le franc CFA entre les mains de la France, pour certains Africains aliénés le colonialisme est fini il y a de cela 50 ans.

Pour ces Africains aliénés, *«L'Afrique est indépendante, elle fait ce qu'elle souhaite depuis 50 ans»* et s'il lui arrive de ne pas être en mesure de résoudre ses problèmes, c'est parce qu'elle *«refuse le développement»* en refusant de mimer l'occident comme le disait faussement Axel Kabou.

Et pour ces Africains, il ne sert à rien de mourir. Car, ils sont les premiers à dire que *«on te tuera pour rien»*, *«tu vas mourir pour rien»* et lorsqu'effectivement le moment fatidique arrive, ils disent *«ah, nous t'avions prévenu»*, *«tu t'es laissé prendre comme un chien»*, *«voilà, tu voulais montrer que c'est toi seul qui a compris non, c'est bien fait pour ta gueule»*. Autrement dit, *«tu luttais pour toi-même, pas pour nous»*. *«Donc, tu péris non pas pour nous, Africains, mais pour toi-même!»*

Au fond, beaucoup d'Africains sont non seulement fatigants mais surtout désespérants.

## Chapitre 1/3: Devons nous être fiers de nos différentes nationalités?

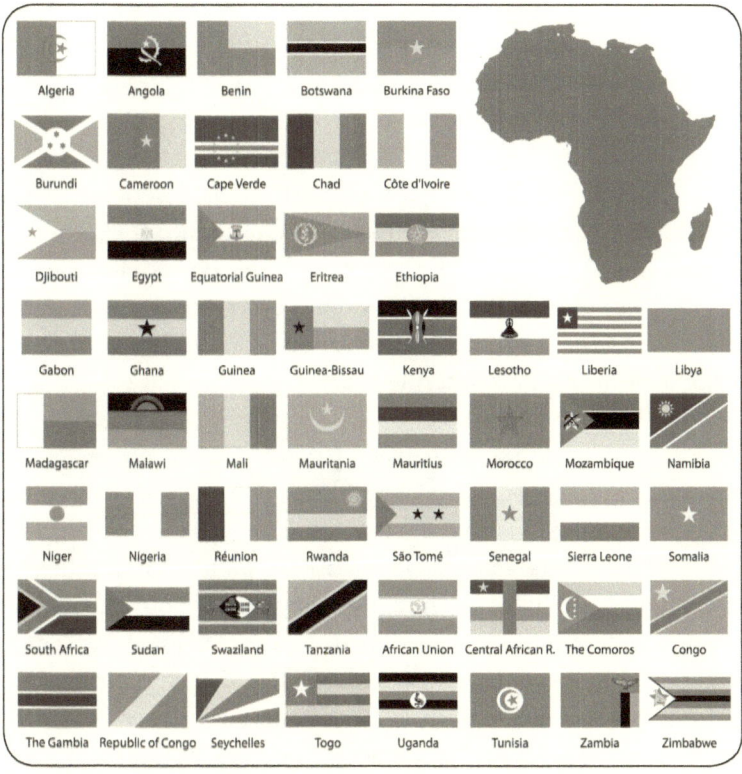

*Source: Dreamstime.com (Image purchased, 2014)*

Il est très fréquent d'entendre cette phrase venant de la plupart des Africains: *"je suis fier d'être Camerounais, je suis fier d'être Congolais, Malien, Béninois, etc..."*

Les nations dont nous nous proclamons être fiers d'y appartenir ne sont en réalité que des espaces géographiques délimités par la conférence de Berlin de 1884-1885. Des espaces géographiques dont les noms ne proviennent pas de nous Africains dans la plupart des cas. Lesquels espaces il convient de nommer *"entités coloniales"* ne sont pas l'émanation des gens qui y vivent, mais plutôt le produit des conquêtes coloniales et meurtrières de l'occident.

Que signifie être Camerounais, Gabonais, Malien, Sénégalais, Ivoirien, Nigerian? Les Africains doivent se poser beaucoup de questions et les réponses qui en découleront permettront aux peuples de se réveiller et de lutter pour obtenir la véritable indépendance. A quoi sert t'il de dire que l'espace géographique nommé "Cameroun" est indépendant lorsque tous les documents d'identité (carte nationale d'identité, passeport) sont fabriqués par des entreprises étrangères?

Nos pays en Afrique ne sont que des fabrications de l'occident un peu comme on fabrique une pièce en usine. On lui donne les caractéristiques qu'on souhaite. Ainsi nous ne sommes que des objets fabriqués par les occidentaux en 1884-1885. Ils ont donné à ces objets des noms qu'ils voulaient, la monnaie qu'ils voulaient (F CFA), les limites qu'ils voulaient et la langue qu'ils souhaitaient que l'objet parle.

A défaut de pouvoir former un seul état fédéral, nous devons re-écrire notre histoire, démonter les espaces géographiques dans lesquels nous avons été obligés de vivre, et reconstituer les nouveaux espaces dont nous choisirons nous mêmes les noms adaptés. Il est urgent pour nous d'utiliser notre histoire pour nous réinventer en tant que nation car pour l'instant aucun pays Africain ne peut dire qu'il forme une nation. C'est absurde de parler de la nation Togolaise, Rwandaise, Sénégalaise, etc.... Nos différentes nations ont été détruites durant la colonisation et l'esclavage. Ce qui est étonnant c'est de voir les Africains s'accrocher à ces produits de l'invention coloniale. On a par ici et par là les micros pays comme le Gabon, la Guinée, le Cameroun, etc... et chacun s'accroche avec hargne à son bout de terre.

D'ailleurs les dirigeants politiques ne parlent jamais des Etats Unis d'Afrique. Lorsqu'ils parlent de panafricanisme, c'est juste pour l'effet de mode, mais personne n'est prêt à lâcher la moindre souveraineté à un gouvernement fédéral fort.

Si les Africains pouvaient s'asseoir et se redéfinir leur espace géographique comprenant par exemple, le Cameroun, le Gabon, la Guinée Equatoriale, le Congo Brazzaville qui formeraient un seul pays avec une nouvelle capitale construite au centre du territoire. Le Rwanda réintègrerait le grand espace de la RDC (République Démocratique du Congo) et on ne parlera plus des problèmes de déstabilisation de la RDC par des pays voisins comme le

Rwanda ou l'Ouganda. Le Mali, le Sénégal, le Niger, le Nord de la Côte d'Ivoire formeraient un pays avec une nouvelle capitale au centre et un nom accepté par tous. C'est juste un exemple de reconstitution Juste pour ne citer que ceux là.

Les Africains doivent cesser d'utiliser des langages comme: *"Ah les Nigérians et Camerounais sont des "feymen", les Béninois sont des sorciers, les Congolais ne savent que s'habiller et danser, les Tchadiens sont très idiots, n'est pas Ivoirien qui veut, les Maliens sont des fainéants etc..."*

Dans chaque communauté, il ya des femmes et hommes intelligents qu'il faut savoir unir et exploiter au bénéfice du continent Africain. D'ailleurs est-il logique de se vanter d'une nationalité dont on n'a pas choisi et dont le nom ne vient même pas de nous? Notre réinvention est une urgence car on ne peut pas se vouloir indépendant et évoluer dans les espaces qui ont été tracés à l'avance par des gens qui ne visaient que leurs propres intérêts. Ces 54 bouts de papiers (pour 54 pays) dénommés *"passeports"* qui ne sont mêmes pas fabriqués par nous, doivent être abolis et remplacés par un seul document dénommé: *"Passeport Africain"*.

Les Africains doivent cesser de rêver, le monde ne se construit pas sans sacrifice, sans douleur. Mettons nos égoïsmes étatiques de côté et ensemble construisons une nouvelle Afrique forte qui sera forcement respectée.

# Chapitre 1/4:   L'Afrique est-elle surpeuplée?

*Source: Image by Chantal*

L'Afrique est le lieu où est né l'homme moderne. Nous sommes les premiers sur terre, nous devrions logiquement être les plus nombreux. Mais des évènements ont réduit fortement la population Africaine. On peut citer entre autres la traite négrière arabe qui a fait environ 17 millions de déportés sans descendance parce que castrés, la traite négrière européenne qui a fait environ 400 millions de pertes humaines, les génocides coloniaux notamment les 10 millions de morts en République Démocratique du Congo, les camps de travaux forcés, etc... On peut aussi ajouter à cela le Sida, les génocides qui s'opèrent depuis 20 ans en Afrique de l'Est avec environ 1 million de Rwandais tués, 6 millions de Congolais (RDC), 500 000 personnes au Darfour, les famines, etc…

La population en Afrique Sub-saharienne qui était de 600 millions avant l'esclavage, est passée à 200 millions, puis à 140 millions à la fin de la colonisation. Nous étions donc sur une pente qui aurait dû nous mener à l'extinction totale. Aujourd'hui, il y a un peu plus de 1 milliard d'Africains dont 800 millions en Afrique Noire, ce qui fait une densité de 32 habitants au Km².

Par comparaison, La France a une densité de 97 habitants au Km² et vante sa natalité dans le monde entier. Celle de l'Allemagne est de 230 au km² et elle fait des efforts désespérés pour relancer sa natalité en baisse. Je n'ai jamais entendu dire que l'Allemagne était surpeuplée. A la fin de la 2e guerre mondiale, il y a eu un accroissement important des naissances qu'on connaît sous le terme de «baby boom» en Europe et les Européens en parlent aujourd'hui avec nostalgie.

*Pourquoi donc cette idée selon laquelle les Africains sont trop nombreux?*

Déjà bien entendu, il y a le racisme tout simplement. Même quand les Noirs sont nombreux chez eux, c'est un problème pour l'élite occidentale. Mais encore cela rend plus facile un plan de déplacement de populations des terres riches comme cela s'est fait en Namibie au début du siècle dernier.

Rappelons qu'il y a un courant, l'eugénisme, dans lequel on retrouve Bill Gates et Warren Buffett, le monde politique occidental et une partie de l'élite noire, qui a pour but de limiter les naissances des noirs en poussant les gouvernements à légaliser l'avortement, en subventionnant la vente de contraceptifs et la production de vaccins potentiellement stérilisants, sans oublier la promotion de l'homosexualité que l'occident essaye également d'imposer en Afrique. On peut citer la célèbre créatrice du planning familial Margaret Stanger qui a dit *«nous ne voulons pas qu'il soit connu que nous voulons exterminer le Nègre»* ou encore l'ancien président Sud-Africain John Voerster qui a dit *«L'Afrique sans les Africains serait un paradis pour l'homme blanc».*

Et c'est un courant qui touche aussi la diaspora Africaine, car il a subventionné 10 millions d'avortements chez les femmes noires aux USA en 38 ans. La loi « Rove vs Wave » sur l'avortement aux USA a été votée à cet effet en 1974 comme l'ont rapporté les conversations du président Nixon avec son staff, lors desquelles il a dit *«ce sont les bâtards noirs qui seront avortés»,* il y a donc un enjeu démographique réel et ce que les amérindiens et les aborigènes d'Australie ont connu doit nous faire réfléchir.

Comme nous venons de le démontrer, l'Afrique n'est pas du tout surpeuplée, elle est même sous-peuplée et elle gagnerait et se protégerait en augmentant sa population tout en mettant en place les conditions pour son épanouissement.

**Chapitre 1/5:** **Le panafricanisme est-il un prétexte utilisé par certains intellectuels Africains pour justifier leur incompétence et leur manque d'engagement pour les causes nationales?**

Force est de constater que beaucoup d'intellectuels Africains sont très impliqués dans les mouvements panafricanistes. Ils sont connus à travers leurs nombreuses conférences, publications sur les réseaux sociaux et autres types de forums. Pour la plupart, ils défendent avec une intelligence sans pareille, avec acharnement l'idée d'une Afrique Unie sans frontière, un état fédéral. C'est ainsi qu'ils ont été très actifs dans la crise Ivoirienne et Lybienne; ce qui est vraiment à féliciter. On les a vu, écouté dans les chaines de télévision et radio du monde, dans les conférences débats etc. au point où ils ont vraiment suscité et continuent de susciter l'admiration et la sympathie de beaucoup d'Ivoiriens en particulier et des autres Africains en général. Mais que cache cet engagement tout azimut?

Pour commencer, il est utile de préciser que nous souhaitons tous la formation des Etats Unis d'Afrique. Nous ne souhaitons pas que les Africains continuent de penser en termes de frontières imposées par les colons. Beaucoup d'intellectuels Africains ne s'intéressent pas au panafricanisme juste parce qu'ils souhaitent voir nos pays d'Afrique unis en un seul pays. C'est juste que leur pays fait face à de nombreuses difficultés sans solutions (ou lorsque les solutions existent, elles ne sont pas appliquées). Ainsi, ils préfèrent se cacher derrière le mot Afrique (comme un cache sexe). Quand tu les interroges sur le fonctionnement du pays, ils vont te répondre qu'ils ne refléchissent pas par rapport aux frontières tracées par le colon, mais qu'ils pensent en Africain. Ce qui n'est pas mauvais en soi, mais la vérité c'est qu'ils ont honte d'assumer leurs responsabilités dans les maux qui minent le pays (sociale, politique et économique). Ils n'ont pas pu élaborer des stratégies pouvant réduire les effets des pressions extérieures sur la bonne gestion des affaires de leurs pays respectifs.

D'ailleurs beaucoup de gouvernements Africains aiment utiliser les intellectuels panafricanistes pour distraire le peuple, car ces derniers en passant le temps à parler des choses générales (le grand ensemble Afrique) contribuent à distraire le peuple sur les problèmes particuliers (problèmes spécifiques du pays). Dans le cas du Cameroun, face aux nombreuses injustices sociales (exemple de l'affaire du bébé volé de Vanessa), vous ne les entendrez jamais prendre position ou alors lorsqu'ils prennent position, c'est toujours dans le sens de dédouaner les vrais coupables. Ils ont toujours les mêmes mots dans la bouche: c'est la faute du système, c'est la faute de la France, de l'impérialisme, du franc CFA. Bref, ils n'assument jamais pleinement leur responsabilité, mais vous font toujours penser à la culpabilité des autres. Des éternels théoriciens du complot (bien que nous ne nions pas le fait que le continent souffre d'un complot des puissances hégémoniques).

Nous souhaitons tous de voir naître les Etats Unis d'Afrique, mais en attendant, doit-on fainéantiser dans nos différents enclos coloniaux dans l'espoir que le miracle s'accomplira? Chaque enclos doit faire des efforts dans la promotion de la qualité de vie de ses citoyens. Ainsi le moment venu, on sera heureux d'unir nos différentes réussites pour former un seul état fédéral fort.

Nous sommes conscients du poids de l'impérialisme dont nous subissons de la part des forts de ce monde, mais la petite marge de manoeuvre que nous possédons doit être bien utiliser pour garantir un minimum de justice, de bonne gestion, d'éducation civique et morale pour nos citoyens.

Avec nos habitudes actuelles d'attentisme et de manque de patriotisme, même avec l'arrivée des Etats Unis d'Afrique, rien ne changera dans notre situation. On passera juste de l'état de pays à l'état de continent avec les mêmes tares, ce qui n'est pas évidemment notre souhait.

Être panafricaniste c'est d'abord bien travailler quotidiennement dans le secteur d'activité que l'on occupe dans l'enclos colonial désigné. Evitons d'utiliser ce mot comme motif de paresse au niveau national.

## Chapitre 1/6:  Poème pour tous les Africains:
### « On ira jusqu'au bout »

*Source: Image by Dupont*

Chers frères, chères sœurs Africains(es) levez vous:

➢ Malgré 500 ans d'esclavage, on ira jusqu'au bout.

➢ Malgré les crimes de la colonisation, on ira jusqu'au bout.

➢ Malgré le pillage de nos ressources à travers le néo-colonialisme, on ira jusqu'au bout.

➢ Malgré la fourberie et les nombreux meurtres de la France en Afrique, on ira jusqu'au bout.

➢ Malgré le vampirisme du F CFA, on ira jusqu'au bout.

➤ Malgré la présence des armées d'occupation étrangère sur notre sol, on ira jusqu'au bout.

➤ Malgré les catastrophes et les nombreuses guerres, on ira jusqu'au bout.

➤ Malgré la traitrise de certains Africains et de certains de nos dirigeants, on ira jusqu'au bout.

➤ Malgré nos nombreuses divisions, on ira jusqu'au bout.

➤ Malgré les divers coups d'états orchestrés par les occidentaux en Afrique, on ira jusqu'au bout.

➤ Malgré le rouleau compresseur des médias mensonges et des armées occidentaux, on ira jusqu'au bout.

➤ Malgré l'utilisation et l'interprétation abusives des textes de l'ONU par les occidentaux à leur propre avantage et pour leurs propres intérêts, on ira jusqu'au bout.

➤ Malgré le fait que l'Afrique ne possède aucun droit de veto et aucun siège permanent au conseil de sécurité des Nations Unis, on ira jusqu'au bout.

Et bien chers frères, on ira jusqu'au bout, c'est un devoir à la mémoire de nos ancêtres, c'est un devoir à la mémoire de nos vaillants combattants morts pour nous.

Oui chers frères et soeurs de l'Afrique, nous devons honorer leur mémoire, évitons de tomber dans les mêmes pièges que nos prédécesseurs. Armons-nous de connaissances, des connaissances exactes de notre histoire, de notre patrimoine. Lisons beaucoup, soyons moins tolérant envers ceux (les colons) qui nous giflent, éloignons la traîtrise de nous:

➤ Ayons l'esprit de sacrifice et d'amour.

➤ Unis, l'ennemi tremblera.

➤ Oui nous avons le devoir d'aller jusqu'au bout, car nos vaillants leaders (Sankara, Gbagbo, Blé Goudé, Kadhafi) nous ont appris à résister et à rester courageux.

➤ Alors, tous ensemble pour les défis qui nous attendent.

➤ Conseils en 3 mots: Lecture, Patriotisme, Persévérance.

➤ Tous pour une Afrique qui n'abandonne pas, mais qui va jusqu'au bout.

## Chapitre 1/7: Deux Afriques : «Afrique du Nord» et «Afrique Sub-saharienne».

*Il existe deux tendances entre ceux qui militent pour l'unité du continent Africain:*

Le premier groupe penche pour une union exclusive entre les pays d'Afrique à population majoritairement noire (Afrique Sub-saharienne) et c'est ce qu'on appelle *"Panafricanisme"*, c'est à dire l'union du peuple noir d'Afrique et de sa diaspora. Ce groupe évoque comme raison d'une union exclusive entre les noirs, le fait que ces derniers sont ceux qui ont subi le plus d'atrocités dans ce monde (esclavage Arabo-musulman, esclavage transatlantique, colonisation et néocolonialisme...). Par conséquent, il doit exister une union sacrée entre les noirs du monde afin de faire face aux nombreux défis du moment et aux nombreuses oppressions auxquelles ils continuent de faire face jusqu'à nos jours. Ce groupe essaye d'évoluer dans la lignée des premiers panafricanistes tels que Marcus Garvey, Cheick Anta Diop, Malcom X, Martin Luther King, etc.

Le deuxième groupe pense que l'union de l'Afrique doit se faire du Nord au Sud, de l'Est à l'Ouest et ne doit pas être guidée par la couleur de la peau, mais plutôt par le fait de résider sur le même continent Africain. Ce groupe parle de *"Fédération Africaine"* et non de *"Panafricanisme"*. Un de ses plus grands défenseurs est le professeur Jean-Paul Pougala qui dans son ouvrage intitulé "Géostratégie Africaine", essaye de montrer les résultats que peuvent générer la collaboration entre les deux parties du continent artificiellement divisées par les ennemis.

Nous sommes donc en face de deux tendances: une tendance pour une union basée sur la couleur de la peau et une autre tendance pour une union basée sur la présence physique sur le territoire Africain. Peut-on donc parler de l'existence de deux Afriques? Face à ces deux tendances, il n'est pas judicieux de trancher sans passer en revue un certains nombres d'éléments (arguments):

### 1- Elément géographique:

Lorsqu'on parle du continent Africain de 30 millions de km², on fait référence à sa globalité et non uniquement à l'Afrique du Nord ou à l'Afrique Sub-saharienne. Ce vaste territoire a vu naître le premier homme sur terre. Même si la partie Nord est occupée en majorité par des populations d'orgine arabe, cela n'enlève en rien le fait que cette partie reste et demeure Africaine.

### 2- Elément historique:

L'un des contentieux qui existent entre les peuples d'Afrique du Nord et d'Afrique Sub-saharienne est d'ordre historique. En effet, si la traite négrière trans-atlantique est connue de tous et plus particulièrement le côté dévastateur qu'elle a eu sur le peuple noir, la traite Arabo-musulmane n'est pas assez documentée pourtant les faits historiques montrent qu'elle a été aussi dévastatrice au même titre que la traite Européenne. De ce fait, il existe un contentieux entre les peuples d'Afrique noire et les peuples Arabes qui s'y sont installés, ces derniers étant considérés comme des envahisseurs. Les peuples autochtones Berbères et même au delà (qui sont noirs de peau) ont souffert des violences dues à une islamisation forcée. Beaucoup ont été déportés et même castrés.

Un autre fait historique qui contraste avec le passé esclavagiste des Arabes en terre Africaine durant les luttes d'indépendance, l'Afrique dite Sub-saharienne a reçu des soutiens de taille de la part de l'Afrique dite du Nord. Un pays comme l'Algérie a soutenu beaucoup de mouvements d'émancipation en Afrique noire comme par exemple la lutte de l'UPC au Cameroun. De plus, beaucoup de dirigeants Nord Africains comme NASSER d'Egypte militaient pour la formation des Etats Unis d'Afrique, projet torpillé par certains dirigeants d'Afrique noire avec leur possible complicité dans des nombreux assassinats, par les colons, des leaders Africains.

### 3- Eléments économiques:

En terme de développement économique, l'Afrique dite Sub-saharienne est à la traine comparée à sa soeur du Nord. Même si ce n'est pas parfait de ce côté là, l'indice de développement humain, les infrastructures, le système éducatif continuent d'attirer de nombreux Africains du Sud du Sahara. De nombreuses entreprises Nord-africaines investissent en Afrique Sub-saharienne.

### 4- Eléments religieux:

Bien que les 2 principales religions monothéistes sont reparties de façon transversale entre un Islam majoritaire au Nord de l'Afrique et un Christianisme majoritaire au Sud du Sahara, on retrouve bel et bien des Musulmans au Sud et des Chrétiens au Nord ainsi que de nombreuses croyances ancêstrales Africaines qui ont pu résister aux persécutions durant l'installation de ces deux religions. Néanmoins, il faut reconnaitre qu'il y a moins de citoyens Nord-africains Chrétiens au Nord et moins de citoyens Musulmans au Sud à cause du caractère intransigeant de la religion musulmane qui tolère difficilement les autres croyances. Pour preuve, dans cette partie Nord d'Afrique, il n'est pas bon d'appartenir à d'autres croyances ou autres religions sous peine d'être discriminer ou même de subir des violences physiques dans certains cas.

### 5- Eléments raciaux:

Il est évident de constater que les noirs Africains présents en terre maghrébine souffrent de discrimination de la part de leurs compatriotes d'origine Arabe. Cette discrimination touche beaucoup plus les étrangers noirs en provenance d'Afrique Sub-saharienne. Beaucoup de citoyens d'origine Arabes pensent qu'ils sont supérieurs aux autres citoyens de peaux noires. D'ailleurs, ceux qui sont déjà allés en Tunisie, au Maroc, en Algérie auront pu constater que les maghrébins traitent les ressortissants Sub-sahariens d'Africains. Comme pour dire que la majorité des maghrébins ne se considère pas comme des "Africains", mais comme des "Arabes" ou des "Européens" et que c'est être dégradant de se faire appeler Africains. Pour cela, les Africains Sub-sahariens panafricanistes trouvent aberrant de parler d'une Union Africaine y incluant la partie maghrébine.

### 6- *Le leadership en Afrique:*

Tout le monde s'accorde à dire que l'un des éléments qui empêche l'Afrique de décoller c'est le manque de leadership et même de leaders courageux aptes à tenir tête aux envahisseurs. Force est de constater que le colonel Mouammar Kadhafi (paix à son âme) fut un leader courageux que l'Afrique a toujours rêvé d'avoir. Même avec ses défauts, il a pu faire la fierté de presque tous les Africains par ses projets panafricains qu'il entreprenait non seulement dans sa Libye natale, mais aussi dans beaucoup d'autres pays du continent Africain. Son assassinat a affligé non seulement les Africains du Nord, mais aussi et surtout les Africains du Sud du Sahara (Noirs et Arabes, Chrétiens et Musulmans).

Le colonel Kadhafi peut être considéré comme un véritable leader que le continent Africain n'a pas eu après la génération des Lumumba, Um Nyobé, Sankara et autres... Kadhafi a uni la majorité des Africains et il est très improbable que le continent Africain aura encore un leader visionnaire comme lui dans les siècles à venir.

A la lumière des éléments cités plus haut, nous allons essayer de donner notre opinion sur la question posée dans le titre de ce chapitre.

L'Afrique en tant que continent est indivisible, il existe une seule Afrique berceau de nos ancêtres, la terre qui a vu naître le premier être humain. Qu'on soit résident au Nord, au Sud, à l'Est ou à l'Ouest, nous résidons tous en Afrique. Maintenant ce n'est pas uniquement les liens géographiques qui fortifient les habitants d'une terre, mais aussi les liens historiques qui à notre avis sont plus forts. Sans avoir l'intention de vouloir gommer les diversités Africaines, un dialogue entre les peuples du Nord et ceux du Sud du Sahara devrait s'ouvrir. Le Nord majoritairement Musulman devrait cesser de voir les autres croyances comme des croyances du "diable" ou des "infidèles". Ils doivent aussi reconnaitre que leurs ancêtres se sont installés dans la partie Nord du continent par la violence et de nombreuses castrations. Un dialogue de vérité s'impose donc sans esprit de supériorité ou de vengeance. De même, l'Afrique du Nord doit cesser de miser beaucoup plus sur la Ligue Arabe que sur l'Union Africaine. La Ligue Arabe doit être une branche de l'Union Africaine. Et l'Union Africaine doit cesser de se faire financer par l'Union Européenne.

C'est uniquement dans le dialogue, l'éducation et l'acceptation des verités historiques que tous les peuples vivants sur le continent Africain (qui a vu naître le premier humain) pourront former une puissance qui compte sur l'échiquier mondial. La nouvelle Afrique passera aussi par une collaboration entre le Nord et le Sud du continent qui restent et demeurent des terres Africaines.

Paix et Prospérité à toute l'Afrique une et indivisible.

**Chapitre 2/1:    Voici comment la France voit l'Afrique.**

Il est affligeant de voir la naïveté dans laquelle beaucoup d'Africains baignent, se fabriquant des fausses illusions comme quoi par leur présence sur leurs sols (à travers des multinationales capitalistes), les autres peuples se préocuperaient de leur bien-être. Et pourtant, ces soi-disant "peuples Amis" sont d'abord là pour la préservation de leur propres intérêts. Il est strictement important de faire connaitre la vérité aux Africains afin de les sortir de cette grande ignorance très souvent entretenue pas certains fils d'Afrique en mal de patriotisme. Prenons par exemple le cas de la France en Afrique, les Africains citoyens des différentes entités coloniales devraient savoir ceci:

➢ La Côte d'Ivoire n'existe que dans la tête de certains Ivoiriens. Pour la France, c'est *"un champ de cacao"*.

➢ Le Niger n'existe que dans la tête de certains Nigériens. Pour la France, c'est *"une réserve inépuisable d'uranium"*.

➢ Le Gabon n'existe que dans la tête de certains Gabonais. Pour la France, c'est *"un puit inépuisable de pétrole"*.

➢ Le Tchad n'existe que dans la tête de certains Tchadiens. Pour la France, c'est *"une réserve de chair à canon à envoyer au front (champ de bataille)"*.

➢ La RCA n'existe que dans la tête de certains Centrafricains. Pour la France, c'est *"une réserve de fer, de diamants, d'or et d'uranium"*.

➢ Le Mali n'existe que dans la tête de certains Maliens. Pour la France, c'est *"une bonne base pour déstabiliser l'Afrique du Nord en occurence l'Algérie et surtout le Mali est un vaste champ de pétrole découvert il ya quelques temps"*.

> ➤ Le Sénégal n'existe que dans la tête de certains Sénégalais. Pour la France c'est *"une réserve d'arachides et d'hommes acquis à la cause de la francophonie"*.

> ➤ Le Cameroun n'existe que dans la tête de certains Camerounais. Pour la France, c'est *"une réserve de bananes, de bois et de soulards (ivrognes) dont la France encourage à boire encore plus de bière année après année à travers leurs multinationales brassicoles"*.

Ainsi vont les relations entre la France et ses enclos coloniaux. Il n'y a que les Africains qui rêvent que la France les sauvera, que la France viendra développer l'Afrique. Retenons qu'ils ne le feront jamais, ils n'y pensent même pas car cela irait contre leurs intérêts. Nous restons pour eux une source inépuisable de matières premières qu'il faut exploiter et sur-exploiter pour alimenter la métropole.

Tant qu'on ne fera pas une rupture épistémologique avec cette puissance coloniale, l'émergence de l'Afrique ne restera qu'une idée. Aller vers la Chine est certe une bonne option pour diversifier nos partenaires, mais ce n'est pas la Chine qui viendra réaliser cette coupure du cordon, ce n'est pas la Chine qui viendra dire non au F CFA. C'est à nous Africains et nous seuls, personne ne le fera à notre place.

Tant que les Africains continueront à se reconnaître en premier lieu comme Malien, Ivoirien, Camerounais, Togolais, Congolais, Chrétien, Mulsulman, Yoruba, Joulas, Bassa, Bamiléké, Boulou, etc... ça fera toujours le jeu de la France. La solution est de se reconnaître d'abord comme Africain et ceci aura pour conséquence la naissance d'une grande chaîne de solidarité qui posera plus de difficultés aux impérialistes.

## Chapitre 2/2:   Un Africain conscient peut-il aimer la politique Française en Afrique?

- ➢ Vu les relations historiques qui lient de nombreux pays Africains avec la France,

- ➢ Vu la nature toujours sulfureuse de ces relations Franco-Africaines,

- ➢ Vu le passé meurtrier de la présence de la France en Afrique,

- ➢ Vu les assassinats des leaders Africains avec des possibles complicités de la France,

- ➢ Vu le racisme anti-africain et anti-noir que nos compatriotes subissent chaque jour en France,

- ➢ Vu le pillage de nos ressources naturelles par les compagnies françaises,

- ➢ Vu son passé esclavagiste sur le continent,

- ➢ Vu le discours insultant de l'ancien président Français Nicolas Sarkozy (président d'un seul mandat) en 2007 à Dakar (sous le nez du président Sénégalais de l'époque Abdoulaye Wade et de la jeunesse Africaine) disant que *"l'Afrique n'est pas entrée dans l'histoire",*

- ➢ Vu le maintien plusieurs années après les indépendances, des troupes d'occupation sur notre continent,

- ➢ Vu le massacre de plusieurs Lybiens, Ivoiriens, Algériens, Camerounais et autres…,

- ➢ Vu le manque de reconnaissance envers nos vaillants combattants qui ont libéré la France,

- ➢ Vu leur arrogance envers nos dirigeants Africains,

➤ Vu le génocide du Rwanda qui a fait près d'un million de morts,

➤ Vu le vole de nos richesses naturelles et nos ventes à travers la mafia du F CFA (50% à 60% de nos revenus commerciaux stockés dans les banques françaises).

*L'on est en droit de se poser la question de savoir: Est ce qu'un Africain conscient peut-il aimer la France? Un Africain conscient peut-il brandir avec fierté le drapeau Français?*

La question mérite d'être posée vu que malgré le temps passé, cette France est restée la même. La France de Jules Ferry (le théoricien de la colonisation) est la même que celle d'aujourd'hui. Elle devient de plus en plus agressive et dangereuse avec la montée de la crise économique en Europe, et ne laissera aucune chance aux Africains si ces derniers ne prennent pas leurs responsabilités en main afin d'imposer une nouvelle vision des relations Franco-Africaine.

Il y a une véritable nécessité pour les Africains de s'asseoir et de revisiter sans complexe aucun, leur relation avec ce pays impérialiste. Il ne faut pas se tromper, cette France et l'occident en générale ont toujours été contre l'Afrique depuis le 17e, 18e, 19e, 20e siècle et cela n'a pas changé aujourd'hui et ne changera jamais si les Africains ne parviennent pas à imposer leur propre vision des relations Franco-Africaines. Il ne s'agit pas ici de détester un Français en tant que citoyen, qui le plus souvent reste aussi ignorant de ce qui se passe au même titre qu'un citoyen Africain, mais il s'agit de la France en tant que Etat, en tant que système, lequel système est utlisé pour continuer à asservir le continent africain.

Biensur que le système ne fonctionnerait pas sans l'apport de nombreux Africains qui travaillent avec beaucoup d'enthousiasme pour leur propre servitude, parfois en signe de reconnaissance pour la nationalité française ou des autres avantages éphémères gracieuseument offerts. Ne trahissez jamais votre patrie d'origine à cause des miettes que le maitre esclavagiste vous laisse généreusement tomber de sa table.

**Chapitre 2/3:    Liste des 21 présidents et leaders**
**Africains assassinés depuis 1963.**

*Source: Image by Cyrille*

Parce qu'ils ont cherché à défendre les intérêts de leurs pays respectifs et de l'Afrique en général, ces présidents et leaders Africains ont été assassinés avec une possible complicité de l'occident.

- ➤ 1963: Sylvanus Olympio, président de la république du Togo
- ➤ 1966: John-Aguiyi Ironsi, président de la république du Nigeria
- ➤ 1969: Abdirachid-Ali Shermake, président de la république de Somalie
- ➤ 1972: Abeid-Amani Karumé, président de la république de Zanzibar
- ➤ 1975: Richard Ratsimandrava, président de la république de Madagascar
- ➤ 1975: François-Ngarta Tombalbaye, président de la république du Tchad
- ➤ 1976: Murtala-Ramat Mohammed, président de la république du Nigeria

- ➢ 1977: Marien Ngouabi, président de la république du Congo-Brazzaville
- ➢ 1977: Teferi Bante, président de la république d'Ethiopie
- ➢ 1981: Anouar el-Sadate, président de la république d'Egypte
- ➢ 1981: William-Richard Tolbert, président de la république de Liberia
- ➢ 1987: Thomas Sankara, président de la république de Burkina Faso
- ➢ 1989: Ahmed Abdallah, président de la république des Comores
- ➢ 1989: Samuel-Kanyon Doe, président de la république de Liberia
- ➢ 1992: Mohammed Boudiaf, président de la république d'Algérie
- ➢ 1993: Melchior Ndadayé, président de la république du Burundi
- ➢ 1994: Cyprien Ntaryamira, président de la république du Burundi
- ➢ 1994: Juvénal Habyarimana, président de la république du Rwanda
- ➢ 1999: Ibrahim Barré-Maïnassara, président de la république du Niger
- ➢ 2001: Laurent-Désiré Kabila, président de la république du Congo-Kinshasa
- ➢ 2011: Mouammar kadhafi, leader de la Libye, tué par le CNT (Conseil National de Transition) de la France

Le dénominateur commun de tous ces leaders est que chacun à son niveau et à sa façon avait entamé des actions visant à rendre notre continent véritablement indépendant. La jeunesse Africaine doit dont être consciente du fait que les vrais leaders patriotiques sont rarement aimés par le monde occidental.

Si un leader Africain est aimé par l'occident, cela est un signe très fort que ce leader a déjà trahi son pays en particulier ou l'Afrique en général. Ce leader sert plutôt les intérêts de l'occident et non de l'Afrique.

## Chapitre 2/4:    La France et Les mines en Afrique.

La France disposerait des meilleures cartes (géologique, minière, hydrologique, agricole, industrielle, démographique, ethnique, etc...) des pays Africains qui se soucient très peu de leurs propres problèmes. Le renversement de cette situation est difficile, mais pas impossible, et le lieu d'élaboration des stratégies n'est pas du tout en occident ou sur les réseaux sociaux, mais plutôt dans nos écoles avec des programmes scolaires purement Africains qui enseignent notre histoire à nos enfants. Difficile de renverser cet ordre établi dans le sens que la France ne compte pas abandonner ses privilèges.

La France maîtrise les richesses Africaines, le pouvoir politique en favorisant l'installation au pouvoir d'une élite collaboratrice dans la plupart de nos prisons coloniales, le pouvoir économique par des multinationales bidons, le pouvoir religieux par la Franc-maçonnerie qui contrôle tout, le pouvoir militaire pour avoir formé la majorité des officiers militaires Africains.

Le renversement d'un ordre établi demande de la discrétion, de la réflexion, de l'abnégation, du sacrifice et un profond sens de don et du sens du bien commun. Nous avons le devoir de mener notre action de libération par nous mêmes, car les aînés qui se sont tournés vers le communisme (Russe, Chinois, Cubain et autres...) pour se libérer n'ont fait que remplacer le voleur par le sorcier.

Il est urgent de renouveler un Front Africain qui ne se limiterait pas à nos enclos coloniaux, mais qui n'aura de l'Afrique qu'une vision unique et globale. Notre échec sera la semence d'une nouvelle graine de prise de conscience qui demain fera germer une nouvelle génération meilleure que la nôtre et qui reprendra la lutte avec une vision et une conviction nouvelle. Notre réussite sera une réussite pour l'Afrique.

Tenez vous bien, notre grand ennemi ne sera pas la France ou l'occident, mais d'abord nos frères Africains qui acceptent de jouer le rôle de régisseurs de prison que la France a établi sur nous. Je salue dans cet ordre d'idée, la vision prophétique de Frantz Fanon, un aîné de valeur, *"Le dernier combat sera entre les colonisés"* et je puisse vous assurer que plus cela tarde, plus elle sera violente et longue.

Militairement démunie et n'étant pas présente au Conseil de sécurité de l'ONU, l'Afrique doit d'abord compter sur ses seules forces pour se défaire de la France. Elle peut par ailleurs nouer des accords stratégiques avec des puissances alternatives comme les puissances du BRICS en l'occurence la Chine et la Russie un peu comme l'a fait la Syrie pour éviter les «bombardements démocratiques » des occidentaux. Mais il est important de noter que le combat appartient d'abord aux Africains et non aux alliés. Le moment est venu pour l'Afrique de signer des accords gagnant-gagnants avec cet allié qui peut être soit la Chine, soit la Russie, ou les deux.

## Chapitre 2/5:  Quelles sont les caractéristiques des Africains francophones?

Parmi les Africains originaires des pays dits francophones, lusophones et anglophones, l'observation faite est que nos frères francophones ont des comportements particuliers. Ceci est peut être dû au type de colonisation qu'ils auraient subi.

Le but de cette analyse n'est pas de montrer que l'Afrique lusophone et anglophone sont supérieures ou exemptes des difficultés, mais plutôt de pointer certains comportements reconnaissables chez les Africains de la matrice francophone. Comportements qui freinent cette partie du continent. Je souhaite préciser que ce sont des observations tirées de mon expérience personnelle, qui évidemment ne fera pas l'unanimité et n'est aucunement une norme standard.

Voici dont les caractéristiques des Africains francophones:

*1- Champion des conférences sur le développement de l'Afrique:*

Pendant que le Nigeria prend des mesures pour introduire la farine de manioc dans la fabrication du pain, pendant que le Ghana fait des efforts pour fabriquer la bière à base des céréales locales, les Africains francophones passent le clair de leur temps à organiser des conférences débats à Dakar, Yaoundé, Lomé. Ils le font depuis 1960 et ont toujours pour thème le développement de l'Afrique. Mais plus de 50 ans après, ils sont toujours incapables de fabriquer une seule aiguille.

*2- Leur trop grande assimilation à la France (Ils sont presque tous francophiles):*

Pour beaucoup d'Africains de la matrice francophone, parler français leur font penser qu'ils sont eux aussi des citoyens français. Généralement certains se vantent de parler cette langue mieux que certains français eux mêmes. Mais une fois arrivés sur le territoire français, ils font face à la réalité et comprennent que même quand ils obtiennent la nationalité française, ils deviennent français, mais pas comme les autres. Ils vont chercher par tous les moyens non pas à s'intégrer, mais plutôt à s'assimiler (modification de leur façon de parler, port des cheveux artificiels, décapages pour les femmes); ce qui se conclu toujours par un échec car même après 30 années passées en France, ils ne sont toujours pas français comme les autres.

3- *Champion de la traitrise et manque d'esprit de sacrifice pour le bien être commun:*

Lorsqu'on fait le bilan des assassinats de nos leaders qui ont lutté pour notre indépendance, nous nous rendons compte que la plupart sinon tous ont échoué. De Sankara à Lumumba, en passant par Um Nyobé, Olympio, etc... tous ces leaders ont été tués par des conspirations des puissances exterieures, mais toujours avec la collaboration de certains traitres Africains francophones. Ces derniers ont une forte propension à la traitrise, il faut faire très attention lorsque vous traitez avec eux. Vous trahir aux puissances ennemis de l'Afrique ne les coûte absolument rien. Plusieurs résistants Africains en savent quelque chose.

L'histoire nous apprend que dans les débuts de formation de la défunte OUA (Organisation de l'Unité Africaine), avant chaque sommet, tous les présidents francophones faisaient d'abord un tour à Paris avant d'arriver à Addis Abeba (siège de l'OUA en Ethiopie) et ensuite y séjournaient de nouveau (à Paris) à leur retour après la fin du sommet. C'est ainsi que ces traitres présidents francophones de cette époque portent une grande responsabilité dans l'échec de la construction d'une organisation continentale véritablement indépendante, car conseillés ou alors déconseillés à chaque fois par les "pères" français. Ils ont manqué beaucoup de dignité et surtout de loyauté.

4- *Amoureux des vestes, cravates, vins, champagnes, parfums, chaussures de très grandes marques (les accessoires griffés):*

Même sous un soleil accablant, vous les verrez dans les rues de Bamako, Douala, Abidjan, etc... avec des costumes qui les étranglent presque le cou. Tellement aliénés, ils pensent qu'il faut absolument mettre le costume pour faire comme en France, pourtant ils ne possèdent aucune entreprise capable de fabriquer ces chaussures et vêtements de marque.

5- *Très vantards:*

Si vous rencontrez un groupe d'Africains de matrice différente (anglophone, francophone, lusophone), vous allez remarquer que les francophones sont les plus vantards. Le francophone pense toujours que parler la langue française lui donne une certaine supériorité sur leurs frères des autres parties du continent. Ils porteront toujours des regards de condescendance à l'image de leur "mère patrie" qui est la France.

*6- Très peu entreprenants:*

La majorité aime attendre tout du gouvernement et le gouvernement aime attendre tout de la France. Même les plus petites décisions doivent venir de Paris. Ces Africains détestent l'idée de se séparer de la tutelle française sinon ils auraient déjà engagé une bataille pour expulser les bases militaires françaises d'Afrique et sortir du piège du Franc CFA. Même sachant tous que la France est en récession (malgré l'escroquerie du Franc CFA et le pillage des ressources naturelles Africaines), ces Africains francophones continuent toujours de croire que cette France les sauvera.

*7- Ils sont très amoureux des médias occidentaux tels que France 24, Rfi, CNN, BBC, Canal horizon, etc... (les médias de la modernité selon eux, malgré qu'il se pourrait que ces médias relayent des informations parfois érronées et tordues).*

*8- Ils se vantent d'être les plus grands intellectuels d'Afrique:*

Pourtant leur peuple figure parmi les derniers sur le continent Africain en ce qui concerne le développement humain. A quoi sert dont leur intelligence sinon à organiser les grandes conférences sans impact positif sur la vie des populations et sans résultats concrets.

*9- Adeptes des sectes dites mouvements philosophiques:*

Ils adorent les sectes comme la Franc Maçonnerie, la Rose Croix. La plupart des élites Africaines francophones (présidents, leaders, universitaires, etc...) sont des grands adhérents de ces loges et confreries. C'est ainsi qu'ils passent le temps à servir leurs gourous français au lieu de servir leur peuple respectif.

*10- Tous ou presque tous souhaitent voir Paris avant de mourir, et pour leurs dirigeants, ne pas avoir une résidence à la côte d'azur est un crime:*

Cette liste est non-exhaustive et nous vous laissons le soin de la compléter. Après, vous saurez pourquoi les bonnes nouvelles du continent viennent toujours des régions où le français n'est pas la langue commune (Angola, Nigeria, Mozambique, Namibie, Ghana, Cap Vert, Botswana, Afrique du Sud, etc... ).

Dans cette analyse, l'Afrique n'a pas été définie comme un bloc car certaines régions du continent, malgré la violence impérialiste dont elles sont victimes, essayent tout de même de se créer un chemin vers la prospérité économique et sociale.

l'Afrique sous domination française est un handicap, voir un obstacle à l'émergence du continent Africain tout entier.

## Chapitre 2/6: La France en Côte d'Ivoire.

Après Sankara, Lumumba, Kadhafi et bien d'autres, c'est le tour de Gbagbo. Il a osé dire STOP. Il voulait une Côte d'Ivoire pour les Ivoiriens afin que les Ivoiriens profitent des richesses de leur sol et sous-sol. Pour cela, imaginez ce que la France a fait au président légitime Ivoirien Laurent Gbagbo:

- ➤ Ils ont entamé une campagne de diabolisation,
- ➤ Insultes de tout genre,
- ➤ Gel des avoirs,
- ➤ Embargos de toutes formes (même sur les médicaments),
- ➤ Condamnations diverses,
- ➤ Meurtres des Ivoiriens patriotes,
- ➤ Crime contre l'humanité en Côte d'Ivoire,
- ➤ Destruction des infrastructures de la Côte d'Ivoire, y compris son arsenal militaire,
- ➤ Bombardement de la radio et télévision Ivoirienne (afin de ne plus diffuser les films sur la Françafrique),
- ➤ Bombardements du palais présidentiel et de la résidence privée du président,
- ➤ Meurtres des ministres du régime de Gbagbo,
- ➤ Torture des Ivoiriens supporters du président Gbagbo,
- ➤ Et ensuite capture du président légitime du pays, de son épouse et de son fils.

Tout ceci sous le regard bienveillant de la soi-disante communauté internationale. Ils ont traité Gbagbo de dictateur. Un dictateur qui avait pour premier ministre son pire ennemi, un dictateur qui gouvernait avec l'opposition et qui n'avait même pas de pouvoir, un dictateur qui a concédé tous les postes stratégiques aux rebelles, aux hommes qui voulaient le tuer. Si c'est ce genre de leader que les colons appellent "dictateurs", alors les vrais dictateurs se trouvent en occident à la tête des pays comme la France, les USA et la Grande Bretagne. Si être démocratique devient de la dictature, alors qu'est ce que la dictature?

Ces occidentaux qui forment la soi-disante "communauté internationale" mentent de toutes les manières et surtout avec le billet de leurs puissants médias mensonges. Ils disent que Gbagbo avait perdu les élections, il aurait du partir, tout est de sa faute. Mais pourquoi avaient-ils (ces occidentaux) refusé de recompter les voix? Selon eux, recompter les voix serait offenser la démocratie «Ah oui, parce que quand tu demandes à ton professeur de réviser ta copie après sa correction, c'est de l'anarchie, c'est un comportement anti-démocratique. Pour ces colons, on aurait pu recompter les voix, mais ça coûte trop cher au contribuable Ivoirien. Pourtant l'intervention française en Côte d'Ivoire et celle de l'ONUCI ne pourront être payées que par le contribuable Ivoirien.

D'autres disent même que si la France n'avait pas intervenu, le peuple Ivoirien se serait massacré à la machette. Mais la réalité c'est que si la France n'avait pas soutenu et entretenu une rébellion en Côte d'Ivoire depuis 2002, on n'entendrait même plus parler de cette rébellion. Soro n'aurait jamais été le premier ministre de Gbagbo et Ouattara ne se serait jamais présenté aux élections présidentielles d'autant plus que c'est le démocrate Gbagbo qui avait octroyé la nationalité Ivoirienne à Ouatarra.

La Côte d'Ivoire a été victime de son statut de premier producteur mondial de cacao. L'occident avec leurs multinationales chocolatières avait besoin d'un leader docile à la tête de la Côte d'Ivoire afin que ce dernier puisse leur donner gratuitement les ressources du pays. Gbagbo a essayé de sortir son pays de l'arnaque du Franc CFA en créant une monnaie Ivoirienne (Le MIR). Il a voulu que son peuple profite des richesses de son pays. Il a refusé d'utiliser l'argent du contribuable Ivoirien pour le financement obscur des campagnes présidentielles des présidents français comme il est de coutume dans la tradition de la Françafrique. Tout ceci lui a attiré le courroux de la France qui a vite fait de le destituer et de mettre une marionnette (Alassane Ouatarra) à la tête du pays. Une marionnette qui servira les intérêts de la France et non ceux du peuple Ivoirien. C'est ainsi que la France s'enrichit en organisant et en finançant des coups d'état afin de placer des marionnettes à la tête de plusieurs pays Africains.

## Chapitre 2/7:   La France en République Centrafricaine (RCA).

*République Centrafricaine*

Voilà un enclos colonial très peu peuplé, 4 millions d'Âmes environ, et qui a tout pour décoller (Or, Diamant, Coton, Bois, Uranium). La RCA est un pays qui est relativement à l'abri des clivages ethniques criards sous d'autres cieux, car en RCA tout le monde parle le sangho. Bien arrosé et traversé par l'Oubangui, on y meurt rarement de faim. Bref, en apparence, la Centrafrique semble être bénie par les Dieux.

D'où vient alors qu'une certaine malédiction semble poursuivre ce pays? La seule réponse qui vaille est que la Centrafrique a tout sauf les hommes qu'il faut. Rébellions et coups d'état étant devenus les sports favoris de ses élites politiques et militaires avec la complicité de la France.

La vision du père de la nation, Bathélemy Boganda, rêvait d'une Centrafrique unie. Hélas, en effet, depuis sa disparition dans ce mystérieux accident d'avion en 1959, la RCA est possédée par les démons de la division. Pas une année ou un mois sans rébellion ou coup d'état avorté ou réussi. Toutes choses qui précipitent davantage le pays dans l'abîme. La Séléka, ce conglomérat de soudards cornaqués par des seigneurs de guerre ont mis Bangui et ses environs sous coupe réglée. Majoritairement de confession musulmane, les combattants de la séléka font apparemment la chasse aux Chrétiens: villages, temples et églises sont autodafés.

Comme un pathos ne vient jamais seul, et il fallait s'y attendre, des groupes se réclamant de l'ex-président déchu, François Bozizé, ont pris les armes contre la rébellion, brûlant à leur tour des mosquées.

Le drame de la République Centrafricaine c'est la France et ce drame dure depuis 50 ans. Dans une longue interview à Paris Match, le général président Congolais Denis Sassou Nguesso avait lancé quelques tirs de semonce concernant le drame de la RCA sous l'emprise de la France. Interrogé sur le rôle de la France en Centrafrique, il dit ceci:

« *Le premier chef de cet État (République Centrafricaine), Barthélemy Boganda, peu de temps après son élection, est mort dans un accident d'avion dont les circonstances n'ont jamais été élucidées. Dacko lui succède et il est vite renversé par le calamiteux Bokassa dont la proximité avec la France n'est pas à démontrer. Le même Dacko est ensuite remis en place à Bangui, déposé par un avion venant de Paris. Un coup d'état le balaye, et c'est le général André Kolingba que l'on installe. André Kolingba ne faisait même pas semblant de diriger car quand nous, chefs d'états voisins, arrivions à l'aéroport, c'est un certain commandant français, Mansion, qui se présentait en short et en chemisette pour nous accueillir. Puis Patassé est venu et il a fait son tour avant d'être balayé par Bozizé, avec l'aide de l'armée française… Ce drame dure depuis cinquante ans.*»

Il n'est plus à démontrer comment la France a volé les gisements de diamants de ce pays depuis 50 ans. Dans un de ses interviews, l'empereur Bokassa dévoile les relations tumultueuses et d'exploitation de son pays par la France qui s'accapare de tous les gisements de diamants sans payer le moindre centime.

# THEME 3: POLITIQUE ETRANGERE

**Chapitre 3/1:**  **L'inéfficacité de l'Organisation des Nations Unies (ONU) en Afrique.**

Durant notre parcours en occident, nous avons eu le privilège de dialoguer avec des personalités importantes de la politique mondiale. Nous avons recueilli un extrait de l'une de nos conversations avec un grand nom de la politique Onusienne. Cet invité a été un ambassadeur aux Nations Unies. La conversation qui va suivre concerne l'inéfficacité de l'Organisation des Nations Unies (ONU).

Auteur: Seriez-vous d'accord pour dire que les Nations Unies sont devenues aujourd'hui une organisation sans effet?

Invité:  Non, pas du tout. C'est le seul forum où les différentes nations puissent se retrouver pour discuter des problèmes qui nous affectent tous.

Auteur: Oui, et c'est bien là le problème. On y discute seulement... et...c'est tout ! Mais que ressort-il de ces discussions? Maintenant, lorsqu'une catastrophe humanitaire arrive, ce sont certains pays qui agissent individuellement ainsi que des organisations internationales humanitaires, et non pas les Nations Unies.

Invité: Les Nations Unies ont souvent un rôle de coordination dans l'organisation des secours et y prennent une part active. Ce n'est pas juste de dire qu'elles ne font que discuter. Mais, le dialogue est nécessaire; c'est un moyen de maintenir la paix et la stabilité.

Auteur: Mais, de toute évidence, vous ne maintenez pas la paix et la stabilité. Vous vous êtes contentés d'observer lorsque le Rwanda se dechirait, vous êtes intervenus beaucoup trop tard au Darfour et vous n'avez pas pu empêcher les Américains d'envahir l'Irak.

Invité: Il est facile de nous critiquer lorsque les choses vont mal, mais si vous considérez nos missions de maintien de la paix en Bosnie, en Sierra Leone, à Haiti, je pense que vous serez d'accord pour dire que l'action des Nations Unies a porté ses fruits.

Auteur: Aujourd'hui, les Nations Unies ne s'impliquent dans une situation que lorsqu'elles y sont invitées. Que pensez-vous de l'idée, qu'en fait, elles devraient agir comme une police du monde entier et intervenir sans attendre d'invitation?

Invité: Je pense que ce rôle de police mondiale est possible et qu'en fait c'est une fonction que les Nations Unies pratiquent déjà dans certains pays. Mais cela ne devrait être que sur une base temporaire tant que les pays concernés travaillent à établir ou reconstruire leur propre force de police.

Auteur: Mais, le problème est que vous ne pouvez pas être partout. Ainsi, aujourd'hui il semble que tout ce que vous fassiez, c'est de réagir aux situations qui sont à la une des journaux ou qui sont plus conséquentes en termes de ressources naturelles telles que le pétrole.

Invité: Mais c'est exactement ce que font toutes les forces de police. En ce moment, par exemple, en Grande Bretagne les gens s'inquiètent au sujet de leur sécurité dans la rue. Et pourtant, ils sont bien plus susceptibles d'être victimes de violence dans leur propre foyer... Nous ne pouvons réagir qu'aux informations que nous recevons, c'est évident.

Auteur: Et d'où tenez-vous ces informations ?...Ce que je veux dire c'est que beaucoup pense que l'information est sélective, relayée par les médias occidentaux et qu'en fait, elle est contrôlée par les Etats-Unis. Alors, comment peut-on vous considérer comme indépendants?

Invité: Vous semblez oublier qu'à plusieurs reprises les Nations Unies ont sévèrement critiqué les Etats-Unis. Les mois qui ont précédé l'invasion en Irak en sont un très bon exemple.

Auteur: Mais cela n'a pas empêché qu'ils envahissent l'Irak ! Vous tolérez qu'ils ne reconnaissent pas certaines institutions internationales, comme la Cour Pénale Internationale par exemple. Est-ce que cela ne nuit pas à votre autorité ?

Invité: Mais, on ne peut pas obliger une nation à signer un accord…Et ceci nous ramène à ce que je disais un peu plus tôt sur l'importance du dialogue.

Auteur: Suite à l'invasion de l'Irak qui était une invasion illégale, pourquoi les auteurs ne sont-ils pas traduits devant la Cour Pénale Internationale pour crime contre l'humanité ?

Pour conclure, il est important de reconnaitre que les Nations Unies sont devenues une organisation désuète, contrôlée par un groupe de pays qui se prennent pour les maitres du monde.

L'ONU est pris en otage par certains pays comme les USA, la Grande Bretagne et la France qui par leurs droits de veto et leur soif du pétrole, interpretent les résolutions de l'ONU à leur manière et en leur faveur afin de satisfaire leurs besoins personnels.

Des mesures visant à renforcer le système des Nations Unies et à améliorer son efficience, son efficacité ainsi que sa capacité à donner des résultats doivent être prise. La réforme de l'ONU, par laquelle celle-ci pourra faire face aux enjeux mondiaux du XXI$^e$ siècle, doit figurer au rang des grandes priorités de l'assemblée générale.

Quelques exemples de réformes peuvent être par exemple:

➢ L'inclusion de L'Afrique comme membre permanent (2 places pour l'Afrique) du conseil de sécurité
➢ 2 droits de veto pour l'Afrique
➢ La suppression totale du droit de veto si certains pays membres en abusent.
➢ Remettre le pouvoir et la prise des décisions sécuritaires à l'assemblée générale par le billet d'un vote général et non pas au conseil de sécurité.

Le renouvellement des Nations Unies est un processus permanent. L'institution doit évoluer et s'adapter constamment aux réalités du 21e siècle. Sinon comment comprendre que tout un immense continent comme l'Afrique avec plus d'un milliard et démi d'habitants et très riche en ressources naturelles, n'est pas membre du conseil de sécurité de l'ONU et n'a aucun droit de veto, alors que l'Afrique est au centre de beaucoup de discussion à l'ONU.

Les états membres doivent travailler de concert pour aider l'ONU dans ce processus. Tous les états membres, tant les pays en développement qu'industrialisés, ont un intérêt commun à renforcer l'efficacité de l'ONU.

# Chapitre 3/2: Les médias occidentaux sont-ils anti-africains?

La guerre du futur sera une guerre médiatique. Ce qui fait la force de l'occident aujourd'hui c'est la puissance de leurs médias mensonges avec lesquels ils réussissent à influencer la population mondiale. Les tambours de leurs médias mensonges résonnent fortement et une campagne médiatique très souvent mensongère sans pareille est lancée contre toute entité, personne ou gouvernement qui ne se soumettrait pas aux désirs des colons.

Cette campagne médiatique permet de désinformer le peuple afin de justifier des interventions militaires dans tous les coins du globe dans le seul objectif voilé de contrôler les ressources naturelles ou le pétrole. L'Irak, la Lybie, la Côte d'Ivoire, le Mali et plus récemment la RCA pour ne citer que ceux là sont des exemples bien précis. Le cas de la Syrie a connu un échec cuisant des occidentaux grâce à l'opposition farouche de la Russie et la Chine qui ont vite compris la stratégie médiatique mensongère des colons et l'objectif majeur des occidentaux de contrôler le gaz Russe qui transite par la Syrie.

Pour ce faire, une campagne médiatique mensongère a été lancée contre le président Syrien, l'accusant sans preuve d'avoir utilisé l'arme chimique contre sa population. Et pendant que la mission des Nations Unies était sur le terrain en Syrie pour mener des enquêtes, les Etats-Unis et leurs alliés avaient déjà trouvé la solution efficace qui était de bombarder et détruire les infrastructures de la Syrie et par conséquent massacrer la population qu'ils prétendent protéger. Pour les USA, le résultat des enquêtes de l'ONU n'est pas important car ils ont déjà trouvé le coupable qui est le gouvernement Syrien. Ils disent qu'ils ont les preuves tangibles qui sont secrets (classifiées) et ne peuvent pas être présentées au conseil de sécurité de l'ONU comme le réclame la Russie. La réalité c'est que s'ils avaient vraiment ces preuves, ils les montreraient au monde à travers leurs médias mensonges afin de se donner raison et prendre le dessus sur la Russie. Ils prennent le reste du monde pour des ignorants. C'est une insulte à l'intelligence des autres peuples.

L'Afrique doit informer son peuple, créer des médias solides afin de faire connaître à notre peuple, les enjeux du 21e siècle et de contrer l'oppression occidentale. Il est encourageant de constater que le peuple Africain commence déjà à se réveiller et à prendre conscience de leurs intérêts. L'implication de la France en Côte d'Ivoire a permis à bon nombres d'Africains d'être plus éveillés. Le président Laurent Gbagbo a contribué à ce réveil des consciences en faisant tomber les masques des colons. En plus de la prise de conscience, l'alliance militaire avec la Russie et la Chine sera cruciale pour le peuple Africain afin de contrer les interventions militaires meurtrières occidentales en Afrique.

Il est donc essentiel que la population mondiale apprenne à faire le tri des informations qu'elle reçoive des médias occidentaux et s'active plutôt dans la recherche de la vérité à travers des canaux alternatifs. En plus d'avoir une puissante force médiatique, l'Afrique doit penser à s'armer militairement. L'expérience montre que les pays fortement armés sont rarement attaqués par les occidentaux. Ceux qui disposent de l'arme nucléaire sont craints. La Corée du Nord, malgré ses rhétoriques bélliqueuses et ses menaces envers les Etats-Unis n'a jamais été attaqué militairement par les occidentaux parce que ce pays dispose d'une forte armée ainsi que de l'arme nucléaire.

A défaut de s'armer militairement, les pays Africains doivent signer des accords de défense militaire avec la Russie et la Chine avant tout accord commercial et économique. Ceci aura pour but de prévenir toute attaque impérialiste contre ces pays Africains.

De nos jours, pour envahir ou attaquer un pays qui n'est pas docile, les occidentaux créent une rébellion dans ce pays. La rébellion attaque le gouvernement en place et dès que ce gouvernement combat cette rébellion, cela donne un prétexte pour les occidentaux d'intervenir militairement dans le pays sous prétexte de protéger les civils ou d'aide humanitaire après avoir qualifié ce gouvernement de illégitime. L'Ukraine vit actuellement ce scénario parce que le gouvernement Ukrainien a refusé de signer les accords de coopération économoque qui permettraient aux occidentaux d'exploiter ce pays. Les occidentaux ont alors appuyé une rébellion qu'ils nomment les pro-union européenne et cette rébellion met le pays à feu et à sang.

Après avoir déclaré son indépendance suite à un référendum légal et légitime, la Crimée a rejoint la Fédération de Russie en début de l'année 2014. Ceci a enflammé les occidentaux qui voulait justement s'accaparer de cette Crimée (Poutine les avait vu venir). Ces occidentaux ont alors qualifié ce référendum d'illégal et illégitime, malgré le fait qu'ils avaient soutenu le référendum du Kossovo dans des conditions plus pires que celles de la Crimée. Des sanctions unilatérales (Bluff) ont été imposées contre la Russie. Ces sanctions majoritairement des gêles d'avoirs et interdictions de voyages ne sont en réalité que des gestes symboliques des occidentaux pour ne pas perdre la face. L'Europe étant dépendante du gaz Russe ne pouvait pas s'aventurer dans la voie des sanctions économiques comme le préconisaient les Etats Unis. La Russie étant une grande puissance économique de qui dépendent l'économie de beaucoup de pays occidentaux, ces sanctions selon le président Vladimir Poutine, vont retourner contre ceux qui les imposent.

Par la suite, les occidentaux ont installé leur marionnette au pouvoir en Ukraine. Ce gouvernement fantoche a vu le peuple de l'Est de l'Ukraine se lever et manifester contre ce coup d'état. Certaines villes de l'Est ont organisé des référendums et ont voté pour leur indépendance. En ce moment l'inverse s'est produit et c'est le nouveau régime de Kiev qui reprimanda les populations civiles par la violence sous le regard silencieux et approbateur de l'occident, qui il n'y a pas longtemps, critiquait l'ancien régime d'utilser la violence contre les populations civiles. Ceci montre une fois de plus le « Double Standard » des occidentaux quand leurs intérêts sont menacés. Le droit international n'a plus de place quand il s'agit de défendre leurs intérêts égoïstes.

La France quant à elle est très active dans la déstabilisation médiatique et réelle de l'Afrique en vue de mieux la piller et d'empêcher le déclin inévitable de la France. La potion magique de cette stratégie de déstabilisation est très simple: Mensonges grossiers relayés par des médias sous influence, instrumentalisation de l'ONU pour qu'elle adopte des résolutions scélérates, armes et logistique fournies à un groupuscule de bandits pour renverser des chefs d'État refusant de s'aplatir devant elle et de brader les richesses de leur pays, est une des nouvelles trouvailles d'une France qui se dit pourtant attachée à la démocratie et à la conquête du pouvoir par le vote. Il est donc temps que les peuples Africains et du monde prennent conscience de ces réalités des impérialistes.

## Chapitre 3/3: Crise énergétique en Grande Bretagne: Quels impacts sur les pays Africains riches en pétrole.

Depuis de nombreuses années, les Britanniques jouissent d'un bon niveau de vie. Mais ceci pourrait être sur le point de changer du fait de la dépendance de l'économie Britannique sur le pétrole.

Depuis plus d'une dizaine d'années, le gouvernement Britannique envisage le développement de fermes éoliennes et autres sources d'énergie alternative, mais rien de concret n'a encore été entrepris. Du fait de cette lamentable négligence de la part du gouvernement Britannique, des décisions clés concernant l'approvisionnement en énergie ont été irrémédiablement retardées. Cependant, un changement d'approche catégorique en ce qui concerne toute la gestion énergétique pourrait limiter l'impact de cette négligence sur l'industrie et les foyers Britanniques.

L'économie Britannique est profondément dépendante du pétrole. Le pétrole est central à la production d'une vaste gamme de produits manufacturés allant des vêtements aux lentilles de contact. En outre, tout le système de transport est profondément ébranlé par la montée du coût du pétrole et ceci a des répercussions sur tous les articles du commerce de détail, la nourriture en particulier.

Si la Grande Bretagne ne trouve pas de solutions à ce problème, il pourra avoir une chasse pétrolière vers l'Afrique qui possède cette ressource en grande quantité. Les pays Africains fournisseurs de pétrole à la Grande Bretagne, comme par exemple le Nigeria, la Lybie, L'Algerie pourraient se voir subir des pressions par les occidentaux en vue d'avoir une part de leur gâteau pétrolier. La Lybie a déjà été victime, le Nigeria, l'Algerie et bien d'autres pourront emboiter le pas. Depuis quelques années, le Nigéria fait face à des attaques d'un groupe dénommé « Boko Haram ». Certains observateurs de la politique mondiale se posent des questions non seulement sur les sources en financement et en armement de ce groupe, mais également sur leur objectif final.

Quoi qu'il arrive, le coût du pétrole va rester élevé. Les sociétés pétrochimiques peuvent toujours extraire davantage de pétrole mais celui-ci coûtera beaucoup plus cher et cela va prendre du temps. En Asie, la demande toujours croissante assurera que le prix du pétrole ne baissera pas.

L'économie Britannique est à la fois principalement basée sur le pétrole et complètement électrique. Presque toute la vie quotidienne dépend de l'électricité et la demande augmente à pas de géants. L'électricité Britannique est générée par toute une variété de centrales. Les plus récentes sont des centrales au gaz alors que la plupart des plus anciennes sont des centrales au charbon ou nucléaires.

Au cours des années à venir, un bon nombre des centrales Britanniques pourront fermer pour des raisons de sécurité ou environnementales. Mais personne ne construit celles qui devront les remplacer, ce qui fait craindre une course éffroyable à la recherche du pétrole en Afrique. Cette course à déjà commencé avec l'attaque de la Lybie. La Grande Bretagne et la France ont fait main basse sur le pétrole Lybien après avoir bombardé le pays pendant environ six mois sous le couvert de l'OTAN. La carence en pétrole ou le coût élevé du pétrole en Grande Bretagne et en occident peut être à l'origine de nombreuses attaques militaires et des invasions par les occidentaux des pays Africains ou Arabes (Iraq) riches en pétrole et autres ressources naturelles.

L'énergie éolienne (Wind Farm or Wind Turbine) en mer est censée combler ce déficit énergétique, mais on se heurte ici à certains problèmes. Il n'ya pas de connections entre les fermes éoliennes et le système de transmission énergétique. Il y aura un besoin d'installer un grand nombre de pylônes dans la campagne et de construire de nouvelles sous-stations pour que l'énergie éoliennes, chère et peu fiable, puisse être connectée au réseau électrique national.

Quelles sont donc les solutions? Le Royaume-Uni devra construire beaucoup plus de centrales électriques au charbon, et ce très rapidement. Le Royaume-Uni est l'un des plus grands consommateurs de gaz utilisé pour la production d'électricité et il importe du gaz de Norvège et de pays exportateurs de gaz naturel liquéfié tels que le Qatar. Mais, bien entendu, cette ressource est âprement disputée. Certains navires-citernes transportant le gaz naturel liquéfié ont été interceptés et détournés vers d'autres pays.

L'énorme réseau gazier du continent européen est alimenté en grande partie par la Russie. Mais l'approvisionnement de la Russie risque d'être incertain et de nombreux monopoles du continent européen auront priorité pour s'approvisionner en gaz, ce qui n'en laisserait qu'une faible quantité pour le Royaume-Uni.

Dans l'impasse où se trouve la Grande Bretagne, seuls des investissements importants dans les nouvelles technologies, les transports, l'habitat et les centrales nucléaires pourraient offrir à ce pays, une issue de secours. Sinon les pays Africains riches en pétrole pourront subir davantage d'attaques militares et des invasions dans les années à venir à cause de leurs sous-sols riches en pétrole et en ressources naturelles. La Lybie attaquée en 2011 par la France et la Grande Bretagne, Le Mali et la RCA envahi en 2013 par la France en sont des exemples concrets. Les pays riches en pétrole tels que Nigeria, l'Algérie et peut être le Cameroun risqueront de subir le même sort dans les années à venir. Qui Vivra Verra...

# Chapitre 3/4:   L'Afrique sous les bottes de l'occident.

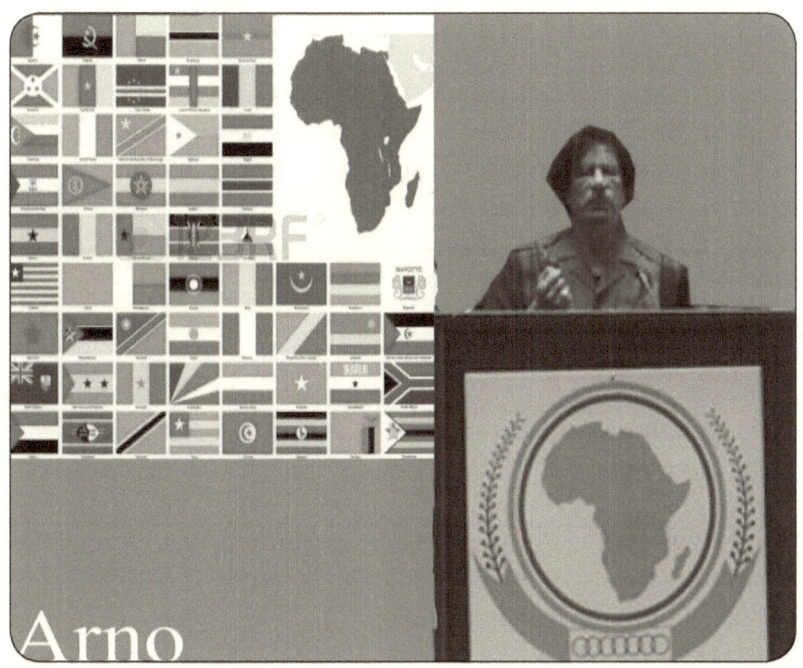

*Source: Image by Arnaud*

Pourquoi les occidentaux veulent toujours maintenir l'Afrique sous leurs bottes?

L'ancien guide Lybien, le feu Mouammar Kadhafi avait fait mettre un satellite de télécommunication (RASCOM) dans l'espace Africain. Ce qui a évité l'escroquerie de 500 millions de dollars par année que l'Afrique payait à l'occident.

Il a eu l'idée d'un Fond Monétaire Africain (FMA) avec pour siège Yaoundé (la capitale du Cameroun) pour contourner le FMI (Fond Monétaire International), qui avec ses méthodes obscures, mettait les pays Africains à genoux. Les conditions des crédits du FMI sont tellement paralysantes que cela entrainent les populations des pays dans une pauvreté extrême. Entre autres mesures d'austérités imposées par le FMI, on peut citer :

Réduction des salaires et des pensions retraites, hausse des impôts et taxes, confiscation de l'argent des épargnants, inflation généralisée, etc...

Il a eu l'idée de l'émission d'une monnaie unique Africaine pour éviter que la monnaie (tel que le Franc CFA) de certains pays Africains ne soit plus contrôlée depuis l'occident. Pour éviter cette autonomie financière de l'Afrique qui aurait par conséquent provoquée la chute de la France qui escroque 50% à 60% des revenues de l'Afrique (Zone Franc CFA) à travers la mafia du Franc CFA, les occidentaux ont traité le guide Lybien de dictateur et l'ont assassiné.

Aucune puissance n'a connu son essor dans la démocratie: la France (Louis 14), l'Allemagne (Hitler), l'Italie (Moussolini), les USA (l'esclavage), se sont développés dans le vol, les meurtres, l'exploitation et le pillage des autres nations et surtout de l'Afrique. Ils doivent laisser l'Afrique résoudre ses propres problèmes. La démocratie (à coups de bombes) loin de développer l'Afrique, fera toujours reculer le continent, surtout avec des présidents "pantins" que l'occident installent à la tête des états Africains afin d'avoir les ressources naturelles gratuitement.

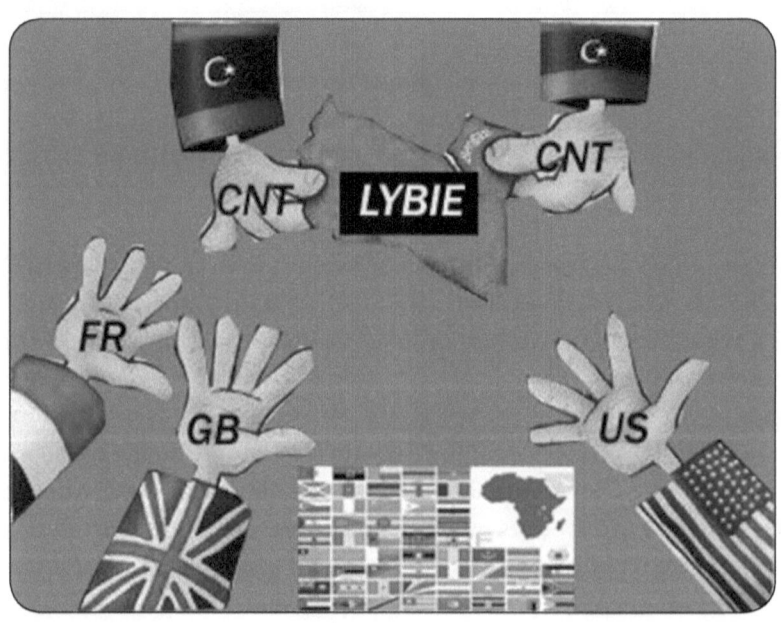

*Source: Image by Cyrille*

Pourquoi paieraient-ils quand ils peuvent les obtenir gratuitement? Pourquoi se fatigueraient-ils à marchander ou à négocier quand ils peuvent assassiner un président hostile et le remplacer par un docile? C'est tellement plus facile pour eux. Après, ils n'ont qu'à débloquer des sommes astronomiques pour la nourriture, l'eau, les soins et le tour est joué. Ensuite, ils font des conférences et des campagnes publicitaires contre la pauvreté, l'analphabétisme, la famine en Afrique. Quelle hypocrisie!

Il y a même certains des leurs qui ont le "culot" de demander pourquoi l'Afrique ne se développe pas, pourtant ce sont eux qui détruisent les infrastructures des pays Africains (Lybie, Côte d'Ivoire, RCA, etc.) sous prétexte de protéger les civils et d'instaurer la démocratie "des bombes".

Des vrais leaders Africains tels que Thomas Sankara, Lumumba, avaient été tués parce qu'ils défendaient les intérêts de l'Afrique. Pourquoi la France et ses réseaux Françafricains continent toujours de piller l'Afrique? Pourquoi ne laissent-ils pas l'Afrique se développer en paix? La Chine leur a échappé et ils n'aimeraient pas perdre le contrôle de l'Afrique. Sans l'Afrique, la France n'est rien et voilà pourquoi elle s'accroche bec et ongle sur l'Afrique. En Mars 2008, l'ancien président français Jacques Chirac déclarait: *«Sans l'Afrique, la France va chuter dans le rang de "pays du tiers monde»*. Le prédécesseur de Jacques Chirac François Mitterrand avait déjà prophétisé en 1957 que: *«Sans l'Afrique, la France n'aura pas d'histoire au 21e siècle»*.

C'est une question de vie ou de mort pour la France car ce pays ne produit plus pratiquement rien. La France ne s'est pas préparée et adaptée aux changements qui s'opèrent partout dans le monde, et ne peut survivre qu'en pillant les ressources de l'Afrique. Mais viendra un moment où toute l'Afrique se lèvera avec une seule voix et mettra fin à cette exploitation qui dure depuis 50 ans, et ce sera le début de la décadence de cet empire coloniale en détresse qu'est la France, surtout que ses entreprises tombent en faillitte tous les jours, le chomage est galopant, le racisme bat son plein, la dette et la crise économique généralisée frappent fortement ce pays.

Alors les Africains doivent se battre pour empêcher les occidentaux de les nuir davantage. L'occident tout entier complote contre l'Afrique afin de maintenir cette dernière sous ses bottes. En 2005, quelques mois avant le premier sommet Chine-Afrique de Beijing, Washington va donc sortir un rapport sur l'effondrement du Nigeria en 2020. Aujourd'hui, nous sommes en Juin 2014 et le pays est la première puissance économique du continent après avoir déclassé l'Afrique du sud. Les Etats Unis avaient prédit que l'effondrement du Nigeria entrainera l'effondrement des pays limitrophes et une grande partie des pays de l'Afrique de l'Ouest. Il est vrai que le Nigéria est secoué par un groupe d'assassins dénommé «Boko Haram», mais beaucoup d'analystes de la politique mondiale se demandent qui finance et arme ce groupe et quel est leur but. Est-ce une simple coincidence avec la prédiction des Etats Unis sur l'effondrement du Nigéria en 2020 ? Ce groupe de bandits fait également des victimes dans le Nord du Cameroun où ils ont enlevé des travailleurs Chinois. L'on se demande également si cela n'a pas quelque chose à voir avec le fait que le Cameroun s'est tourné économiquement et militairement vers la Chine et la Russie et ceci au détriment de la France impérialiste.

Lorsque les occidentaux sont en déclin et en panne de stratégies, tout ce qui compte c'est le chaos. Créer le chaos, diviser pour mieux piller est leur politique habituelle. En Afrique, ils misent sur la corruption des dirigeants pour contrôler les pays riches pétrole, en minerais d'or, diamants et autres : Corruption des fonctionnaires et politiciens, mise sur écoute, chantages de tout genre, assassinats, coups d'états et autres, jusqu'au jour où la Chine s'est montrée intéressée par l'Afrique. Malheureusement pour eux, les pays Africains se reveillent et se mettent aujourd'hui avec la Chine et ceci produit des résultats palpables avec des investissements Chinois dans les secteurs clés de l'économie. Prenons par exemple l'Angola qui est premier client du pétrole du Nigéria qui lui même est premier producteur d'Afrique. Ces deux pays jouissent d'une bonne croissance économique.

Six millions de congolais sont morts en moins de 10 ans, tués par les miliciens et rebelles financés et armés par l'occident. Des rebellions ont été montées de toute pièce au Soudan pour partitionner le pays et ce sont les acteurs de cinéma hollywoodiens qui sont montés au créneau pour détruire l'image du seul pays Africain qui dira non à l'Empire US sur son pétrole pour le donner à la Chine. Aujourd'hui ils ont divisé le pays en deux pour créer un sous pays appelé Soudan du Sud. Et pendant ce temps, en 2014 la banque mondiale prédit que les Etats Unis perdront leur place de première puissance économique au profit de la Chine.

L'occident à travers leur alliance militaire dénommée OTAN (Organisation du Traité de l'Atlantique Nord - NATO en Anglais) cherche à dominer le monde par la voie des armes. Les BRICS cherchent à dominer le monde par la voie économique, mais devrait déjà songer à créer une alliance militaire équivalente au NATO qu'ils dénommeront MITOB (Military Traity Organisation of Brics). Cette alliance militaire du BRICS aura pour objectif de protéger tous ses états membres contre des attaques et invasions impérialistes. Cette alliance cherchera surtout à mettre fin au désastre et à la désolation que crée l'alliance NATO dans certains coins du monde.

Les occidentaux avec leurs mensonges, leurs assassinats, leurs vols et viols, leur exploitation et domination de l'Afrique, se heurteront à une résistance farouche des Africains qui commencent déjà à se réveiller et à prendre conscience de leurs intérêts et des enjeux de ce monde. La France s'enrichit en volant l'argent et les richesses de l'Afrique. L'ancien président français Jacques Chirac lui même l'a confirmé en disant ceci: « *On oublie seulement une chose, c'est qu'une grande partie de l'argent qui est dans notre porte-monnaie, vient précisément de l'exploitation, depuis des siècles, de l'Afrique, pas uniquement mais, beaucoup vient de l'exploitation de l'Afrique. Alors, il faut avoir un petit peu de bon sens, je ne dis pas de générosité, de bon sens, de justice, pour rendre aux Africains, je dirais ce qu'on leur a pris, d'autant que c'est nécessaire si l'on veut éviter les pires convulsions ou difficultés avec les conséquences politiques que ça comportent*».

Nous constatons avec amertune à quel point nos chefs d'état en Afrique baissent leurs culottes devant les leaders occidentaux et de ce fait vendent l'Afrique à ces derniers. Néamoins, ce phénomène serait sur le point de tirer vers sa fin car la Russie et la Chine ont déclaré officiellement en 2014 qu'ils lutteront désormais contre les ingérences dans les affaires des pays tiers. Les peuples opprimés ont longtemps attendu ce jour.

Désormais, Moscou et Pékin conjugueront leurs efforts pour lutter contre les tentatives de certains Etats et blocs de s'ingérer dans les affaires internes de pays tiers, stipule une déclaration conjointe adoptée à l'issue d'une rencontre à Shanghai entre les présidents Russe et Chinois, Vladimir Poutine et Xi Jinping. *"Les parties soulignent l'importance de respecter l'héritage historique des pays, leurs traditions culturelles, l'ordre politico-social, le système de valeurs et les voies de développement. Elles notent la nécessité de*

*Martin Fonkoua et Arnaud Romeo Noume*

*tenir tête à l'ingérence dans les affaires internes des autres Etats, de renoncer aux sanctions unilatérales et à l'aide, au soutien ou au financement d'activités visant à modifier l'ordre constitutionnel d'un autre Etat ou à l'entraîner dans une alliance". Les leaders appellent en outre à "garantir la stabilité des relations internationales, la paix et la sécurité tant au niveau régional que mondial, à régler les crises et les conflits, à lutter contre le terrorisme et contre les crimes transfrontaliers ainsi qu'à contrer la prolifération des armes de destruction massive".*

## Chapitre 3/5:    Le caractère violent du monde ignoré par la plupart des Africains.

*Source : Images by Arnaud*

Les Africains sont les seuls peuples à penser que les autres peuples les aiment. Nous sommes dans un monde essentiellement violent. Même si l'Africain est un être historiquement pacifique de nature, il doit se mettre en tête que les autres peuples ne sont en rien leurs amis. Pour cela, ils doivent moins danser le ndombolo, le bikutsi, le coupe-décalé ou le makossa. Ils doivent consacrer moins de temps aux distractions et refléchir sur les enjeux de ce monde. Ils doivent apprendre à remuer plus leurs cerveaux que les pas de danse. Ils doivent s'asseoir, lire leur histoire, s'éduquer afin de prendre des décisions qui vont dans l'intérêt de leur peuple. Ce monde est un monde d'intérêt. Les états n'ont pas d'amis, mais plutôt des intérêts.

L'uranium qui est utilisé pour la fabrication des armes, pour la production énergétique (électrique, électricité, nucléaire), provient essentiellement des pays Africains tels que le Gabon, le Niger ou le Mali. Pourtant beaucoup de villes dans ces pays n'ont pas de lumière. Les occidentaux viennent prendre nos matières premières, fabriquent des armes, nous les revendent afin que nous puissions nous entretuer. Il faut que cela cesse. Nous devons apprendre à lire le monde de façon violente sur tous les plans, que ce soit sur le plan économique, militaire, historique, culturel ou communicationnel.

Dans certains pays occidentaux, les médias et autres chaines de télévisions que les Africains adorent tant sont rattachés au ministère de la défense et non au ministère de la communication. Ça veut tout dire. Par conséquent, un Sénégalais qui regarde le journal de d'une chaine de télévision occidentale à 20h du Sénégal, ne se rend pas compte que ce n'est pas juste une transmission de l'information, mais une campagne guerrière bien préparée. Ce n'est pas par plaisir qu'il est possible de capter les ondes d'une radio étrangère au village le plus lointain en Afrique comme par exemple à Bamendjou (Cameroun), pourtant même les médias nationaux n'y sont pas clairement captés.

Tout dans ce monde est fait pour dominer ceux qui dorment, ceux qui n'ont pas conscience de leur histoire, ceux qui pensent que le monde est un paradis d'amour, ceux qui continuent de voir en leurs "bourreaux" leur sauveur. Notre système éducatif doit être plus guerrier, plus conquérant, basé sur notre histoire et la gloire de ceux qui ont combattu pour nous.

Danser, comme les Africains savent bien le faire, n'est pas mauvais en soi, car c'est un élément de notre richesse culturelle, mais ça devient un problème lorsque tout se résume à organiser des fêtes, à danser, encore danser et toujours danser.

# THEME 4: SOCIETE AFRICAINE

## Chapitre 4/1: Comment se comportent les bourgeois Africains?

On a toujours cru que le problème principal des Africains était le manque de moyens financiers et par conséquent une difficulté chronique à s'octroyer les biens matériels nécessaires à la vie (aliments, vêtements, logements…). Mais force est de constater que même ceux qui possèdent ces moyens financiers ne sont pas toujours les modèles de vie en Afrique. Le problème est donc ailleurs, même s'il est vrai qu'il serait bien que les Africains deviennent tous matériellement riches, ce serait une grave erreur de croire que les rendre riches résoudrait tous les problèmes du continent. Pour étudier le comportement de la classe bourgeoise Africaine, il est important de la diviser en catégories car les richesses des Africains bourgeois n'ont pas la même origine.

*Catégorie 1: La bourgeoisie gouvernementale (Bourgeoisie d' état).*

Cette classe est la plus importante et la plus arrogante. Elle est constituée en premier lieu des chefs d'états qui puisent sans se gêner dans les caisses de l'état. Leurs salaires ne sont jamais rendus publics, ils mènent une vie à l'occidentale bien que vivant en Afrique. Leurs repas, vêtements, eau minérale, médicaments sont tous importés aux frais de l'état. Ils dépensent sans compter et pour chacun d'eux, ne pas avoir une villa à la côte d'azur est un crime. Leurs enfants ne fréquentent pas les écoles du pays, ni ne se soignent au pays. Au moindre symptôme de migraine, ils prennent l'avion pour Paris ou Londres afin de se faire suivre par ceux qu'ils considèrent comme des "vrais médecins". Bref ils président des pays auxquels ils n'y croient pas puisqu'ils construisent des écoles sans être capables d'y envoyer leurs enfants, construisent des hôpitaux sans être capables d'aller y suivre un traitement. Si la population devrait copier leur style de vie, elle devrait tout simplement fuir le pays pour faire comme eux.

Ensuite viennent les ministres, les députés, sénateurs, généraux des corps armés. Ils vivent comme des vrais bouffons arrivistes, toujours entrain de fuir leur africanité. D'ailleurs ils traitent de "sauvages" leurs propres compatriotes qui n'ont pas le même niveau de vie que eux. A domicile, les télévisions et radios sont branchées 24h/24 sur les médias occidentaux tels que France 24, BBC, Rfi, CNN, etc... Les placards sont pleins de vestes, costumes, cravates des plus grandes marques occidentales. Les plus grands champagnes du monde et autres vins bordeaux accompagnent toujours leurs copieux repas. Les parkings sont pleins de véhicules dotés par l'état et ils possèdent toujours avec eux des bons gratuits de carburant. Très peu vous diront combien coûte un litre de carburant ou une baguette de pain, mais vous citerez les prix dans tous les supermarchés de Paris. Leurs épouses n'accouchent jamais au pays, d'ailleurs certains de leurs enfants ne portent pas de noms Africains. On verra très souvent des enfants se nommer: Alain Pascal, Daniel François, Eric Le Champ, Claude Jardin ou Patrick Cochon.

Dans ces familles, le plus souvent, il est très rare d'entendre parler une langue Africaine. C'est ainsi que des générations d'enfants perdent chaque jour cet instrument vital de la culture qui est la langue maternelle. Pour ces familles, c'est un signe de progrès de ne connaître aucune langue de chez nous. Pour finir, les Africains de cette classe de bourgeois sont prêts à intégrer n'importe quelle secte pernicieuse ( Franc Maçonnerie, Rose Croix, Illuminatis) afin de garder leurs privilèges. Les puissances impérialistes savent souvent les pêcher en vue de les propulser au pouvoir dans le but de contribuer au pillage du continent.

### Catégorie 2: La bourgeoisie des hommes d'affaires.

Ils sont bien nombreux ces Africains qui ont fait fortune dans les affaires. Mais malheureusement, leurs richesses proviennent beaucoup plus de la vente des produits importés et non de la transformation réelle des ressources du pays. C'est ainsi que l'Afrique possède des hommes d'affaires véritablement riches, mais le continent reste lamentablement sous-industrialisé.

Bien qu'ils possèdent les mêmes tares que la classe citée plus haut (Bourgeoisie d'état), la classe de la bourgeoisie des hommes d'affaires a tout de même le mérite de vivre avec l'argent qu'ils ont gagné honnêtement à travers leur commerce.

*Catégorie 3: Les Africains de la diaspora.*

Sortis du pays pour les études, beaucoup s'installent en occident à la fin de leur parcours académique. Une minorité parvient à intégrer des professions à forte rémunération. Quelques uns investissent dans leur pays d'origine, montent des petites affaires, mais l'essentiel reste toujours dans la logique d'acheter en occident pour vendre en Afrique. Ce qui ne crée pas véritablement la richesse. Une écrasante majorité a toujours un regard condescendant sur leurs compatriotes restés au pays. En occident, ils se réclament Africains lorsqu'ils sont victimes de racisme, mais une fois en Afrique, ils souhaitent vivre comme en occident. Encore une fois, malgré les tares citées plus haut, ils vivent tout de même du fruit de leur labeur en Europe. Par les transferts d'argent, ils parviennent tout de même à sortir de nombreuses familles Africaines de l'extrême pauvreté. Mais leurs actions seraient plus efficaces si ces derniers agissaient en groupe et de manière organisée. L'état a donc un grand rôle à jouer pour potentialiser cette force économique que constitue la diaspora Africaine.

*Catégorie 4: Les conscients.*

Cette classe minoritaire recrute ses membres dans toutes les classes citées plus haut. Ils sont amoureux de leur Africanité, sont beaucoup moins aliénés que les autres, éssayant à leur niveau d'apporter leur modeste contribution à l'émergence industrielle du continent Africain.

Dans les pays où la médiocrité est érigée en règle, il n'est pas toujours facile pour eux de s'en sortir car tout le monde cherche à les escroquer de l'argent. Ce groupe dont j'appelle les "dinosaures" de la renaissance Africaine n'est pas seulement matériellement riche, il est également culturellement aguerri. Ils doivent être connus et érigés en exemple pour les jeunes générations qui manquent cruellement de repères.

En guise de conclusion, nous pouvons dire que la renaissance Africaine ne se fera pas seulement en rendant les Africains matériellement riches. Il existe également un impératif dans la formation culturelle et idéologique car un Africain matériellement riche mais culturellement et idéologiquement pauvre demeure un danger pour le continent Africain.

## Chapitre 4/2:  Une pensée pour les paysans et paysannes Africains.

Parmi les catégories de populations Africaines abandonnées par les intellectuels Africains, figure la classe paysanne qui croupit dans nos villages et campagnes et qui vit dans des conditions les plus difficiles. Ces porteuses d'eau de Douekoué (Côte d'Ivoire), ces propriétaires des champs de café de Nkongsamba (Cameroun), Makerere (Ouganda), ces vendeuses de denrées dans les marchés des capitales Africaines qui passent souvent toute la nuit sous les intempéries en attente du petit matin afin de nous livrer les produits de leurs durs labeurs venant des plantations dont l'exploitation reste encore très artisanales, ceux là sont nos mamans, nos papas car ils nous nourrissent.

L'Afrique est constituée en majorité des populations des zones rurales (près de 70%) et dans beaucoup de nos pays, l'agriculture artisanale est l'activité de plus de 80% des populations. Comme le grand Thomas Sankara le disait, on ne peut pas penser le développement et le bien être en Afrique en oubliant cette grande franche de la population. Les oublier serait tourner le dos à l'âme même de l'Afrique car que nous le voulons ou pas, quelque soit la profession de nos parents directs, nous avons en nous, dans notre âme profonde cette paysannerie Africaine que nous avons oublié et auquelle nous avons tourné le dos.

La grande majorité des intellectuels que nous avons aujourd'hui ont vu leurs études secondaires et universitaires financées par l'argent de la paysannerie. Mais une fois les connaissances acquises dans les écoles occidentales, ces "civilisés d'un autre genre" n'ont pas pu utiliser ce savoir pour transformer les conditions de vie et de travail de ces vaillants hommes paysans.

De 1900 à 2014, les mêmes outils sont utilisés pour cultiver le café, cacao, mil ou coton. Une fois les études terminées, ils ont laissé nos parents croupir dans l'esclavage de café et du cacao, préférant se pavaner dans les villes de Paris, Londres, New York et autres dans des costumes de grandes marques parlant une langue française ou anglaise d'un niveau qui n'a d'égal que celui des agrégés en grammaire. Un langage incompris par la plupart de ceux là qui ont financé leurs études.

Comment comprendre qu'après plus de 50 ans de culture de cacao, café, coton, un paysan soit toujours incapable de manger à sa faim, de boire de l'eau potable ou encore avoir accès aux soins de santé primaires? C'est une honte pour nous Africains car nous avons laissé mourir ces hommes et femmes qui constituent la matrice même de notre Afrique. La France qui recupère 50% de nos revenus commerciaux à travers la mafia du F CFA contribue grandement à la détresse de nos paysans qui se retrouvent démunis du fruit de leur culture.

En 1965, l'écrivain agronome français René Dumont écrivait: *"l'Afrique Noire est mal partie"*. Il décriait ici le model de développement que le colon avait institué en Afrique et qui privilégiait l'émergence d'une classe minoritaire bourgeoise et arrogante exploitant une classe paysanne majoritaire. Les premiers vivant grâce au travail et à la sueur des seconds. En réponse à ces propos, les collaborateurs des colons avaient estimé que même si l'Afrique était mal partie, l'essentiel était qu'elle était quand même partie. Plus de 50 ans après, chacun peut faire son bilan et évaluer le désastre qu'a causé ce model "assassin" de développement.

Nous devons laisser de côté notre grammaire française sophistiquée, notre orgueil, notre égoïsme, vantardise, nos miettes que le maître colon laisse généreusement tomber de sa table, pour nous interroger vraiment sur notre responsabilité morale concernant la mauvaise vie dans nos zones rurales. Même installés en Europe, USA, rappelons nous que nous profitons des acquis de la lutte et du travail des autres peuples et que tôt ou tard il faudra mener notre propre lutte pour notre communauté. On aura beau accuser la ruse, la fourberie de nos détracteurs néocoloniaux, mais nous ne pourrons jamais leur faire porter la responsabilité de tous nos problèmes.

Les mauvaises conditions de vie dans nos campagnes est à l'origine du gonflement anarchique de nos villes et de la montée vertigineuse de l'immigration de la jeunesse Africaine. Ceci s'adresse à tous les intellectuels Africains résidents ou non en Afrique pour qu'ils s'engagent véritablement et sincèrement dans la lutte et les défis qui libèreront nos paysans. Heureusement certains l'ont compris à l'instar du professeur *Jean Paul Pougala* qui met sur pied actuellement un modèle de développement ayant pour point de départ nos campagnes. Espérons que cela portera des fruits et l'adhésion de tous.

A nos paysans d'Afrique, nos pileuses de mil dans le sahel, à nos vignerons, à nos porteuses de bébé, à nos porteuses d'eau, à nos pousseurs, nos chauffeurs qui évacuent les denrées alimentaires de nos villages vers les centres urbains dans des conditions particulièrement difficiles mais admirables, à tous ces revendeuses sans qui beaucoup de citadins trop fiers d'eux et de leur personne, passeraient des jours sans repas. A tous ceux là, nous vous donnons une accolade fraternelle et chaleureuse, car vous représentez l'âme et le sang de l'Afrique.

## Chapitre 4/3:  Le problème de la gestion des déchets en Afrique.

Nos principales villes Africaines construites sur le modèle occidental du développement souffrent grandement de la gestion des déchets. Qu'ils soient organiques ou synthétiques, les matériaux inutilisables qui jonchent nos rues et les alentours de nos domiciles commencent à être des véritables causes de la détérioration de la santé de nos populations.

Bien qu'il existe dans la plupart de nos principales villes, des entreprises chargées de la collecte des ordures, force est de constater que l'avenir de ces ordures collectées demeurent un casse-tête pour les municipalités Africaines. L'incivisme des citoyens dans certaines capitales ne vient pas arranger les choses car beaucoup ne contribuent pas au maintien de la propreté. Qu'ils soient de la classe bourgeoise, de la classe moyenne ou pauvre, certains compatriotes Africains n'hésitent pas à balancer soit un flacon de conserve, soit bouts de papiers, des déchets automobiles ou alimentaires en pleine rue ou en plein espace public. Très peu voit la nécessité de se comporter en citoyen responsable.

Ce qui est encore plus étonnant c'est le cas des Africains de la diaspora qui en séjour en Afrique, n'appliquent plus la rigueur civique à laquelle ils sont habitués en occident et contribuent également à la pollution et à l'insalubrité dans nos cités. Ceci nous conduit à une vérité irréfutable: beaucoup de nos villes sont vraiment sales, très sales et beaucoup de nos compatriotes Africains se plaisent dans la saleté. S'il est plus facile de gérer les déchets organiques qui sont biodégradables, la tâche devient très compliquée lorsqu'il s'agit des déchets synthétiques comme le plastique ou les matériaux électroniques et électriques (pile, batterie, écran de téléviseur, écran d'ordinateur, épaves de véhicules, vitres, climatiseur...). La sous-industrialisation du continent rend la réutilisation ou le recyclage des dits déchets synthétiques vraiment difficile, voir impossible. Ceci a eu pour conséquence de transformer l'Afrique en véritable dépotoir pour les objets inutilisables en occident.

Nous importons à des coûts exorbitants des marchandises qui n'ont plus de vie en Europe. Ces objets bien que paraissant neufs aux yeux de la plupart de nos populations, finissent après 2 ou 3 ans dans les dépôts en plein carrefours où dans les broussailles situées non loin de nos domiciles.

Parfois en pleine saison sèche, nos villes sont envahies de grosses fumées et pour cause, les déchets sont entrain d'être incinérés. L'incinération n'est pas la solution puisqu'elle produit des épaisses couches de fumées néfastes pour notre santé. Quelles sont dont les solutions?

➢ Nous devons mettre sur pied une politique de sensibilisation des masses pour les emmener à prendre conscience et à contribuer à la maitrise de la gestion de nos déchets et à la propreté de nos cités.

➢ Nous devons également former du personnel dans le domaine des énergies renouvelables, du génie de l'environnement et des sciences des matériaux.

➢ En plus de ces mesures de sensibilisation et de formation, chacun doit contribuer de façon quotidienne à la gestion de notre environnement en utilisant préférentiellement les emballages biodégradables, en évitant de balancer les ordures n'importe où.

➢ La création des entreprises de recyclage des déchets et la séparation des déchets (Plastic, bouteilles, verres, etc.) pourraient en plus de garantir la propreté, mais aussi créer des emplois.

➢ L'approvisionnement des bacs à ordures dans tous les coins des cités, et des zones rurales.

Si rien n'est fait, avec l'occidentalisation accélérée du mode de vie en Afrique, couplée à la sous-industrialisation, notre continent qui compte déjà près de un milliard et démi d'habitants comptera plus de 5 milliards de tonnes de déchets d'ici 20 ans à raison de 5 tonnes de déchet par habitant; ce qui sera une grande menace pour notre santé et notre écosystème.

**Chapitre 4/4:   Les femmes Africaines noires et les cheveux artificiels: liens indestructibles?**

*Source: Image by Martin*

La femme Africaine noire dotée d'une beauté naturelle ne devrait pas porter ce que vous voyez sur la photo ci-dessus (Cheveux artificiels ou ''mèches naturelles''). Ils existent plusieurs évidences qui montrent que ces cheveux dit greffes naturelles proviennent des détritus (parfois cadavres) des femmes Asiatiques (Inde, Pakistan, Corée, etc.). Comment un être humain peut-il être fier de porter les cheveux d'un autre être humain comme lui? N'est ce pas une preuve que la femme Africaine noire accepte sans discuter la supériorité de la femme blanche?

En ce qui concerne les femmes Africaines noires qui vivent en occident, elles donnent les raisons bidons comme quoi, c'est à cause du froid, c'est à cause de la neige, etc. mais toutes ces raisons ne sont que des conneries qui visent à justifier leur aliénation à la peau blanche. En Afrique, il n'y a ni froid, ni neige, mais elles portent toujours ces cheveux de cadavres quand elles y vont pendant les vacances.

Quand je commence à discuter avec une femme Africaine noire et je constate qu'elle porte des cheveux de cadavre sur la tête, j'ai directement le dégoût car je comprends qu'elle est tellement complexée qu'elle ne peut pas participer au combat. On peut comprendre le degré d'aliénation de nos sœurs qui résident en Afrique, mais celles qui vivent en occident n'ont aucun justificatif qui tienne. Avec toutes les campagnes sur les réseaux sociaux, les vidéos et les différentes conférences sur les canons de la beauté «Kamite», ces filles continuent toujours de porter ces malédictions sur la tête. Quand tu provoques certaines, elles te disent *''mes mèches brésiliennes ne sont pas naturelles, ce sont des fibres synthétiques''* croyant ainsi être sorties du lot. Elles ne se rendent même pas compte que les fibres synthétiques sont mêmes encore pires, très moches encore.

La femme a toujours été la vitrine de la société Africaine. Lorsque nos femmes Africaines noires se mettent à «singer» sans honte *les femmes des autres races*, non seulement elles se déshonorent, mais elles nous font honte et nous fragilisent. Je me demande comment ces filles Africaines noires qui vivent en occident se sentent-elles face à leurs camarades de classes de race blanche. Ces dernières doivent bien se moquer d'elles.

Sur le plan économique, ce qui est encore plus déplorable c'est que ces entreprises qui ont la main mise sur ce marché des faux cheveux n'appartiennent pas aux Africains, mais aux Asiatiques et Brésiliens. Ces Africains qui ont déjà du mal à manger, s'appauvrissent encore davantage pour les faux cheveux et enrichissent les autres. Aux Etats Unis, 94% des clientes de ces cheveux sont des femmes noires, et 97% des entreprises de cette industrie appartiennent aux Asiatiques.

Quand l'aliénation est déjà présente dans les gènes, il devient difficile voire impossible de la combattre. L'Africain a trop de problèmes, mais malheureusement il existe très peu d'Africains pour le combat. Je me demande à quoi nous ressemblerons d'ici 300 ans, tellement nous sommes irresponsables et surtout naïfs.

Aux hommes, ne financez plus les femmes Africaines noires qui mettent ces cheveux de cadavres ou synthétiques. Arrêtez également de jeter votre préférence toujours sur les femmes aux faux cheveux et à la peau décapée, car vous contribuez à entretenir l'aliénation.

**Chapitre 4/5:  Pourquoi certaines femmes Africaines de la diaspora ont-elles du mal à retouner en Afrique?**

*Source: Image by Chantal*

Il est parfois difficile de comprendre pourquoi les femmes Africaines aiment tant rester en Europe ou en occident. Elles sont prêtes à tout donner pour arriver en occident. Je ne dis pas que les hommes ne soient pas obnubilés par le rêve Européen, mais le cas de nos sœurs est un peu plus particulier. On a vu des filles abandonner fiancés, maris et enfants en Afrique pour rejoindre un prétendu amant en Europe. Certaines ont rejeté un prétendant en Afrique (même avec les bonnes conditions de vie) pour choisir celui qui réside en Europe juste sur la base du lieu de résidence.

De même lorsqu'elles arrivent en Europe, elles ne souhaitent plus rentrer en Afrique. Elles préfèrent y vivre coûte que coûte malgré les conditions économiques difficiles. Parfois le mari souhaite rentrer s'installer en Afrique, mais la femme refuse de le suivre. Le mari finit souvent par abandonner la femme en occident pour rentrer épouser une autre jeune fille en Afrique avec qui il passera ses derniers jours. On a vu de nombreux mariages dans la communauté Africaine en Europe s'achever quand le mari a évoqué le projet de retour en Afrique. Elles y restent le plus souvent avec les enfants et le mari rentre dans la solitude ou se refaire une nouvelle vie de famille en Afrique.

Face à la crise économique en Europe, comment comprendre l'obsession de nos femmes à y rester absolument pourtant il y a des cas où elles peuvent mener un très bon niveau de vie en Afrique avec les investissements faits par le mari. Il y a certaines qui souffrent vraiment en Europe, se livrent à tout genre de pratiques (prostitution, vols, etc....). Des filles qu'il y a 5 ans étaient connues comme des filles exemplaires en Afrique, des épouses modèles deviennent des vagabondes après quelques temps passés en occident.

*La question est de savoir faut-il continuer à accepter que nos sœurs viennent se ''détruire'' en occident? Ne courrons nous pas le risque de détruire celle qui a toujours été la matrice de nos sociétés en Afrique?*

Le cas est encore grave dans la mesure où certaines au cours de leurs brefs séjours en Afrique, contribuent à pervertir celles restées sur le continent. Comment comprendre qu'elles soient prêtes à tout pour rester en Europe, même à se prostituer. Mais heureusement, la prostitution des femmes Africaines noires ne passe plus sur le marché dans certains pays Européens. Alors de quoi vivent-elles donc?

L'avenir des Africains se trouve en Afrique et non en Europe. On est toujours bien chez soi. En vivant en Europe, un Africain sage doit penser à son retour prochain au bercail. L'Europe doit être un tremplin pour un avenir meilleur en Afrique. En d'autre terme, l'Africain en Europe doit préparer le terrain en cherchant les moyens qui lui permettront de rentrer s'installer définitivement en Afrique.

Un proverbe de chez nous dit ceci : « *c'est dans ta jeunesse que tu dois amasser le bois avec lequel tu te réchaufferas dans ta vieillesse* ».

Voici une liste non-exhaustive des raisons que certaines femmes Africaines utilisent pour justifier leur désir de s'éterniser en Occident:

➤ "Ma belle famille va me mettre dehors"
➤ "Ma belle mère va diriger mon foyer"
➤ "Le service social s'occupe de moi et de mes enfants en Europe"
➤ "Je n'ai pas faim en Europe"
➤ "Les hommes sont trop frivoles en Afrique"
➤ "Il y a beaucoup de belles femmes en Afrique qui vont arracher mon mari"
➤ "Les soins médicaux sont meilleurs en occident"
➤ "Il y a l'insécurité et le grand banditisme en Afrique"
➤ "La famille est trop élargie en Afrique"
➤ "En Europe, la femme est chef de famille et a tous les droits sur le mari"
➤ "En Europe, si mon mari me fait chier, je le mets dehors dans le froid"
➤ "En Europe, la loi est du côté de la femme et la protège"
➤ "La polygamie n'existe pas en Europe"
➤ "Il y a trop de sorciers, les marabouts et les jaloux en Afrique"
➤ "J'ai ma paix quand je suis loin de ma belle mère"
➤ "Les funérailles et autres événements sont récurrents et font dépenser mon mari"
➤ "Les visites intempestives des membres de la famille qui ne te préviennent pas à l'avance".

Malgré le fait que certaines de ces raisons peuvent être valables, il n'en demeure pas moins que l'on est bien chez soi et ainsi l'Africain vivant en Europe doit s'armer intellectuellement, financièrement, matériellement, expérimentalement, expertisement et voire patriotiquement pour enfin rentrer contribuer au développement de son pays en Afrique.

Rares sont les femmes Africaines noires vivantes en Europe et qui sont prêtes à rentrer définitivement s'installer dans leur pays d'origine. Leurs enfants nés en occident ne sauront jamais leurs vraies racines et leur vraie identité. Celles qui décident de rentrer avec leur conjoint sont conscientes des enjeux et effectuent un grand pas vers la bonne direction.

Pour ceux qui sont en couple en Europe ou en occident, posez cette question à votre épouse ce soir: ''chérie, que penses-tu de notre retour en Afrique dans l'avenir''? Et vous verrez qu'elles ne sont pas prêtes à rentrer en Afrique. Aussi dur que cela puisse paraître, nous sommes obligés de reconnaître que l'occident a trop d'influence néfaste sur la femme noire, surtout celle qui ignore qui elle est et d'où elle vient. En voulant ressembler à la femme blanche jusque dans le comportement, beaucoup de femmes noires s'égarent en occident. Voilà jusqu'où peut mener l'aliénation. Certaines femmes noires, à cause des miettes et certains petits avantages que leur procure le système social occidental, abandonnent leurs maris pour aller vivre comme «femmes seules au foyer avec enfants» juste dans le seul et unique but de jouir les petits avantages désillusionnaires qu'elles pensent pouvoir tirer du système social. D'autres le font également dans le but soit d'avoir droit à un certain pourcentage sur le salaire ou les revenus de leurs époux, soit d'entrer en possession des biens matériels que possèdent le mari en occident.

Non seulement l'argent du social n'est pas suffisant pour élever leurs enfants qui n'ont plus de père, mais ces femmes Africaines noires matérialistes et aliénées diminuent une quantité dessus pour sponsoriser la famille en Afrique afin de prouver qu'elles sont aussi en Europe. Mais force est de constater que beaucoup d'entre elles réalisent leur erreure fatale quand il se fait trop tard. Elles finissent par payer un prix fort avec des enfants déracinés qui deviennent des délinquants, des enfants déséquilibrés, impolis, irrespectueux et perdus dans une société étrangère. Certains de ces enfants en manque d'éducation et d'amour paternels, souvent se retournent plus tard contre leurs génitrices non seulement parceque ces dernières n'ont pas eu la force de caractère pour maitriser ces enfants, mais aussi pour savoir où se trouvent leurs vrais pères et pourquoi ils ne l'ont pas connu.

Quand certaines de ces femmes noires aliénées se rendent étrangement comptent qu'elles ne peuvent pas satisfaire tous les besoins de leurs enfants, c'est alors qu'elles font une chasse à l'homme. Elles se pavanent dans les fêtes, les boites de nuits et autres millieux Africains à la recherche d'un potentiel mari et père pour leurs enfants. Mais leur déception est très grande et amère quand elles se font abusées par des hommes qui viennent à tour de rôle et repartent. Certaines à ce moment comprennent et avec beaucoup de regret qu'elles avaient laissés l'homme qui etait bien pour elles, croyant trouver le «bonheur» dehors.

D'autres font recours à l'agence de support et de soutient aux enfants afin que ceux-ci prélèvent légalement un certain pourcentage sur les revenus du père des enfants pour leur donner (donner à elles et non aux enfants). Certaines de ces femmes Africaines noires et aliénées, finissent aussi soit dans la prostitution, les églises réveillées, soit elles sont traitées de vieilles filles par certains hommes qui après avoir satisfait leurs besoins sexuels, se lancent vers des nouvelles conquêtes.

Beaucoup de femmes noires en occident, surtout celles issue des familles pauvres en Afrique, sont désillusionnées par les avantages du système. Elles découvrent le grand piège de ce système quand il se fait trop tard. Toutefois, la sensibilisation et l'éducation demeurent l'unique solution pour faire changer les mentalités de certaines de nos soeurs Africaines qui brisent tous les jours, l'avenir de leurs enfants en occident. Lesquels enfants pouvaient éfficacement participer à la reconstruction de l'Afrique s'ils avaient jouis des avantanges que confèrent la vie dans une unité familiale stable comprenant le père et la mère.

## Chapitre 4/6:   Femmes noires et décapage de la peau: Histoire d'une aliénation?

La vérité sonne encore blanche pour beaucoup de femmes Africaines noires. Pour elles, être belle signifie avoir les cheveux lisses (Brésiliennes, grêffes, etc...), mais surtout avoir la peau claire décapée. Comment mettre fin à ce drame qui tout de même jette la honte à toute une race? Comment un être humain peut parvenir à se détester, à se renier? Le mal que l'occupant nous a fait n'est pas près de s'achever comme disait le grand Cheick Anta Diop.

Mais à ce jour, avec tous les moyens de communication et de sensibilisation, peut-on encore rendre l'occupant responsable à 100% de notre situation? Ne devons nous pas prendre des mesures pour nous débarrasser de nos différentes tares héritées du contact violent avec l'envahisseur? L'un des problèmes des noirs en ce siècle est qu'ils restent en majorité incultes, personne ne veut apprendre.

Comment y mettre fin:

> Les hommes doivent cesser de jeter leur dévolu toujours sur les femmes à peau claire ou décapée car d'un autre côté, les femmes en s'éclaircissant la peau espèrent avoir plus de succès auprès des hommes. Vu sur cet angle, les hommes sont aussi responsables de ce drame.

> Valoriser les filles au teint noire et au teint naturel en les rappelant à chaque fois lorsque l'occasion se présente qu'elles sont jolies, belles et surtout naturelles; et en même temps manquer de respect aux filles qui se décapent la peau.

> Eduquer nos femmes sur les dangers du décapage de la peau.

> Développer des industries cosmétiques basées sur la valorisation des produits naturels d'origine africains.

> Interdire l'importation des produits décapants ou à défaut les soumettre à une forte taxation

> ➤ Lors des élections "Miss" ou des spots de publicité, les plateaux de télévision, mettre de coté toutes les femmes à la peau décapée et portant des cheveux de cadavres sur la tête.

> ➤ Enseigner et inculquer à nos enfants dès le bas âge, l'origine et la fierté de la race noire.

Ceci est également valable pour les hommes qui se décapent la peau. Ainsi peut être un jour nous réussirons à remonter la pente car l'heure est grave.

A toutes les femmes Africaines dignes qui gardent leur teint et leur cheveux naturels, nous leur adressons nos félicitations les plus chaleureuses, soyez des exemples dans votre entourage.

# Chapitre 4/7:   Les privilégiés en Afrique.

Dans la vie, les privilégiés luttent rarement pour le changement. Ainsi ils ne reconnaitront jamais le bien fondé d'une lutte qui leur fera perdre leurs multiples avantages parfois non mérités. En Afrique, peuvent être considérées comme des privilégiés, les personnes faisant parties des bourgeoisies gouvernementales. Il n'est pas question ici des avantages légaux liés à leurs différentes fonctions, mais plutôt des dérives et abus de ces derniers, qui normalement, sont sensés servir leurs peuples et non se servir.

En Afrique, sont considérées comme des privilégiés, les personnes suivantes:

> Les dirigeants africains et leurs familles,

> Les ministres, les diplomates, et leurs familles,

> Les hauts gradés de l'armée et leurs familles,

> Les directeurs de sociétés, les hauts responsables de l'administration, et leurs familles,

> Les membres des sociétés sécrètes, loges et confréries ainsi que leurs familles

Ces privilégiés vivent souvent très loin des réalités des autres citoyens. Ils vivent en Afrique tout en étant en Europe. Les enfants fréquentent les écoles les plus chères en occident avec l'argent du contribuable. D'ailleurs les présidents de ces colonies construisent des hôpitaux mais ne se font jamais soignés dans ces hôpitaux. Pour une moindre migraine, ils prennent l'avion pour Paris. Ces privilégiés vous chanterons toujours que le chef de colonie en place est le meilleur des présidents du monde, qu'il faut le soutenir contre les tentatives de déstabilisation de la France, pourtant dans la plupart des cas c'est cette même France qui leur a donné le pouvoir. En réalité, ils ne défendent que leurs privilèges qui peuvent cesser d'exister si jamais la France décide de changer le chef de colonie.

Et bien si vous attendez ces privilégiés pour lutter pour le changement, vous attendrez longtemps. Très peu sont de bonne foi car ils ont le ventre remplis. La révolution consiste à détruire les privilèges acquis frauduleusement sur la souffrance du peuple, mais aussi des nombreuses injustices et de collaboration avec les puissances néocoloniales. Trop de traîtres et d'incompétents jouissent des richesses Africaines au détriment des vrais enfants patriotes et conscients.

Vivement que l'Afrique revient aux enfants patriotes et conscients prêts à se sacrifier pour elle. Que ceux qui sont compétents soient nommés aux postes de responsabilités. Que les gens soient jugés par leurs connaissances et non par leur statut physique ou social. Que l'on évolue dans la société parce que l'on possède du savoir-faire, du potentiel et non parce que l'on a des relations avec tel ou tel ministre, directeur ou commissaire de police. Le succès doit être basé sur *«ce que l'on connait ou sait faire»* et non basé sur *«qui l'on connait»*. L'Afrique se lèvera seulement si elle commence à reconnaitre ses valeurs, le potentiel et les compétences de ses enfants.

## Chapitre 4/8:   Quoi qu'il en soit.

Oui quoi qu'il en soit, les gens vont te décevoir;

Les gens vont te quitter;
Ils vont parfois te faire sentir que tu n'es qu'une petite chose sans importance;
Ils vont t'arracher le cœur, et s'en servir comme serpillière pour essuyer leurs pieds;
Ils vont te donner envie de ne jamais te réveiller;
Ils vont se moquer de toi, se moquer de tes sentiments;

Mais les gens... Les gens peuvent t'apporter tellement;
Ils peuvent t'apprendre tellement de choses sur toi;
Ils peuvent te faire rêver les yeux grand ouverts;
Ils ont la capacité de rendre l'air que tu respires meilleure;
Ils ont le don de pouvoir t'étonner;
Connaître quelqu'un sur le bout des doigts c'est mieux que le plus incroyable des voyages au bout du monde.

Les gens ne sont ni raisonnables, ni logiques, ni généreux. Aimez- les quoi qu'il en soit.
Si Vous agissez bien, on va vous accuser de le faire avec arrière pensée. Agissez bien quoi qu'il en soit.
Si vous réussissez, vous aurez de faux amis et de vrais ennemis. Réussissez quoi qu'il en soit.
Le bien que vous faites aujourd'hui sera oublié demain. Soyez bon quoi qu'il en soit.
L'honnêteté et la franchise vous rendront vulnérables. Soyez bon, honnête et franc quoi qu'il en soit.
Ce que vous mettez des années à construire peut être détruite en une seule nuit. Persévérez quoi qu'il en soit.
Les gens ont réellement besoin d'aide mais sont capables de vous attaquer si vous les aidez. Aidez-les quoi qu'il en soit.
Donnez au monde ce qu'il y a de meilleur et tu en prends plein la tête.
Donnez au monde ce qu'il y de meilleur en vous quoi qu'il en soit.

La femme sage bâtit sa maison, et la femme insensée la renverse de ses propres mains. Proverbes 14:1

Ta vie de couple ne regarde ni ta famille, ni tes amis, ni personne d'autre. Fais toujours l'effort de ne pas exposer celle ou celui avec qui tu partages ta vie pour éviter que des personnes lui manquent de respect et de considération, et au delà à toi même. En valorisant ton mari ou ta femme quelque soit vos difficultés, tu te valorises toi même.

Certaines personnes connaissent des situations de couple plus difficiles, mais décident de ne pas les exposer malgré tout. Tu peux demander parfois des conseils, mais évite d'en parler au premier venu. N'oublie pas que le diable n'est jamais loin de là où règne l'amour et la paix. Jamais loin !

Se venger n'occulte, ni ne diminue la souffrance ressentie. Un authentique pratiquant spirituel préférera laisser la victoire à l'autre pour ne pas continuer à entretenir et à accroître ses tourments intérieurs.

# CONCLUSION

Nous souhaitons que nos frères qui servent à chaque fois de relais aux projets assassins de l'occident contre la terre de nos ancêtres en:

➢ signant des contrats bidons,

➢ servant de rebelles,

➢ servant d'agents secrets pour ces puissances avides du sang de nos enfants et de nos parents,

➢ acceptant d'appliquer des politiques économiques qui ne servent que les intérêts des lobbies capitalistes de ce monde et qui plongent la majorité de nos populations dans une misère matérielle qui contraste avec l'immense richesse de notre sol et sous sol (Nigéria, RDC, RCA, Angola, Cameroun…).

➢ servant les intérêts des occidentaux et non du peuple Africain,

➢ utilisant l'argent de l'Afrique pour financer les sectes pernicieuses,

Nous souhaitons à tous ces frères Africains égarés de retrouver le chemin de la vérité, du bon sens et de se rendre compte du mal qu'ils font à leurs propres frères juste pour tirer des avantages personnels et éphémères du colon.

Nous aimerons dire à tous ceux là que le moment est venu pour la libération de l'Afrique. Ces derniers doivent changer au plus vite, nous avons déjà trop souffert d'autoflagellation et de trahison. Ceci est nécessaire si nous voulons voir naître une nouvelle Afrique prospère où il fait bon vivre, et surtout une Afrique qui deviendra, grâce à ses richesses naturelles, ses talents et ses potentialités, la première puissance économique mondiale.

Tous nos meilleurs leaders (Thomas Sankara, Patrice Lumumba, Um Nyobe, Mouammar Kadhafi, etc.) ont été tués ou trahis toujours avec la collaboration de certains des fils de la mère Afrique. Trop c'est trop. Cessons d'être les champions du monde en matière de trahison.

Tous nos meilleurs leaders (Thomas Sankara, Patrice Lumumba, Um Nyobe, Mouammar Kadhafi, etc.) ont été tués ou trahis toujours avec la collaboration de certains des fils de la mère Afrique. Trop c'est trop. Cessons d'être les champions du monde en matière de trahison.

Nous terminerons cet ouvrage sur une note d'optimisme et d'espérance. Si vous avez bien compris les thèmes qui ont été élaborés dans ce livre, nous vous prions de le recommander à vos proches, à tous les Africains et Amis de l'Afrique désireux de voir naître une nouvelle Afrique. Ce qui doit demeurer en nous c'est l'espérance et la joie d'être Africains. Pas une joie passive, mais une joie active qui nous amène chaque jour à nous surpasser pour faire triompher l'Afrique. Ceci passe par une maitrise des enjeux du monde contemporain dans lequel nous vivons, un changement radical de nos mentalités et de nos comportements. Quelques soient les difficultés quotidiennes de la vie, quelque soit le sentiment que nous ne pouvons ne pas éprouver face à la division des fils et filles du continent Africain, l'Afrique est certainement en pleine mutation. Nous devons tous y contribuer et cela ne peut pas se faire sans un travail de conscientisation, mais aussi et surtout un travail d'actions sur le terrain, car les beaux discours ne seront jamais suffisants.

Paix et prospérité à l'Afrique et plus tard aux Etats Unis d'Afrique.

Kamite Fonkoua et Noume.

# CÉLÈBRES CITATIONS SUR L'AFRIQUE

*"The day will come when history will speak...Africa will write its own history... It will be a history of glory and dignity." – Patrice Lumumba*

*"Le jour viendra quand l'histoire parlera...L'Afrique écrira sa propre histoire... Ce sera une histoire de gloire et de dignité". - Patrice Lumumba*

*"A people without the knowledge of their past history, origin and culture is like a tree without roots." – Marcus Garvey*

*"Un peuple sans connaissance de son histoire passée, de son origine et de sa culture est comme un arbre sans racines." – Marcus Garvey*

*"If there is a country that has committed unspeakable atrocities in the world, it is the United States of America. They don't care for human beings." – Nelson Mandela*

*"S'il y a un pays qui a commit des atrocités sans pareilles dans le monde, ce pays est les Etats Unis d'Amerique. Ils s'en fichent des êtres humains." - Nelson Mandela*

*"The revolutionary spirit of my people, the feeling that i am fulfilling the most sacred of duties: to fight against imperialism wherever one may be. This is a source of strength, and more than heals the deepest of wounds." – Unknown Author*

*"L'esprit révolutionnaire de mon peuple, le sentiment que je remplis les devoirs les plus sacrés: combatrre l'impérialisme sous toutes ses formes et peu importe d'où cela provient. C'est une source de force, et plus que n'importe quoi, guerrit les plus profondes des blessures." - Auteur Inconnu*

*"If i could give the class of 2014 one piece of advice, it would be to find ways to talk to people who are doing interesting stuff that is different from what you do. Ask good questions and REALLY listen to the answers." – Unknown Author*

*"Si je pouvais donner un conseil à la génération 2014, ce serait de trouver des moyens de parler aux gens qui font des choses intéressantes et différentes de ce que vous faites. Posez leur des bonnes questions et écoutez attentivement leurs réponses." - Auteur Inconnu*

*While Revolutionaries as Individuals can be murdered, you can not kill ideas – Thomas Sankara (President of Burkina Faso, 1983-1987).*

*"Bien que les révolutionnaires en tant que individus peuvent être assassinés, vous ne pouvez pas tuer leurs idées – Thomas Sankara (Président du Burkina Faso, 1983-1987).*

# NOTES:

1.  AGBOHOU Nicolas, *Le franc CFA et l'Euro contre l'Afrique*, Editions Solidarité mondiale, 2008.
2.  Cheikh Anta Diop, *Nations Nègres et Culture.*
3.  GODEAU Rémi, *Le franc CFA, pourquoi la dévaluation de 1994 a tout changé*, Septa, 1995.
4.  IKIEMI Serges, *Le franc CFA, d'où vient-il ? Où va-t-il ?*, l'Harmattan, 2010.
5.  Interview de Jacques Chirac, *Aveu de Jacques Chirac:*
    http://www.youtube.com/watch?v=Qo7IxdzywXk: (07/04/2014)
    http://www.dailymotion.com/video/x9av8p_chirac-avoue-le-pillage-de-l-etat-f_news (07/04/2014)
6.  Jean Philippe Omotunde, *La traite négrière européenne, vérités et mensonges.*
7.  Komla KPOGLI, Secrétaire Général de MOLTRA (Mouvement pour la Libération Totale et la Reconstruction de l'Afrique), *Cela sert-il à quelque chose de mourir pour les Africains?* 29 Mai 2011. http://lajuda.blogspot.ch/2011/05/sert-il-quelque-chose-de-mourir-pour.html,
8.  Précédemment dénommé Jeunesse Unie pour la Démocratie en Afrique (J.U.D.A), MOLTRA est une organisation de jeunesse créée au Togo en 2003 pour lutter contre toutes les formes d'exploitation dont l'Afrique est l'objet, promouvoir le panafricanisme et reconstruire l'Afrique sur des valeurs authentiquement africaines.
9.  Musée de Tervuren, *La charte de l'impérialisme.* [*]
10. TCHUINDJANG POUEMI Joseph, *Monnaie, servitude et liberté. La répression monétaire de l'Afrique*, Cameroun, Edit. J. A., 1985.
11. The Black Holocaust (film).
12. Tidiane Ndiaye, *Interview de l'historien sur France O.*
13. AFP7, *FRANCAFRIQUE Incroyables révélations de Bokassa avant sa mort:*
    http://www.youtube.com/watch?v=F2kuUctlshY: (07/04/2014)

14. Afro Politis, *Roi Bokassa avant sa mort:*
    http://www.youtube.com/watch?v=cJ2n05v85iI:
    (07/04/2014)

15. Interview de Michel Collon Vs Henri Guaino : *Les vrais raisons de la guerre au Mali. La France sans Gêne.*

16. Survie.org, *Sassou égratigne la France:* http://survie.org/billets-d-afrique/2014/231-janvier-2014/article/sassou-egratigne-la-france-4596: (07/04/2014)

17. Google web site, *Images sur google.fr,* https://www.google.fr/search (20/06/2014)

18. Cameroonvoice.com, *Quand l'Amérique prédisait, dans un rapport l'effondrement du Nigéria en 2020,* 13 May 2014. http://www.cameroonvoice.com/news/article-news-15104.html

19. [*] À Tervuren se trouve le « Musée royal de l'Afrique centrale », Tervuren (anciennement Tervueren et également en français) est une commune néerlandophone de Belgique située en Région flamande dans la province du Brabant flamand. C'est la seule commune périphérique de la Région de Bruxelles-Capitale à être située dans l'arrondissement de Louvain (les autres sont situées dans l'arrondissement d'Hal-Vilvorde). Elle compte environ 20 600 habitants.

# ABOUT THE AUTHOR

Martin Fonkoua est un amoureux du continent africain, originaire de l'entité coloniale nommée Cameroun. Il est titulaire d'un DEA (Diplôme d'Etudes Approfondies) en Biochimie de l'Université de Yaoundé I au Cameroun. Martin prépare actuellement un doctorat (PhD) en Pharmacologie Moléculaire à l'université de Brasilia au Brésil.

Passionné de l'enseignement, Martin va consacrer 5 années de sa vie à l'encadrement de la jeunesse Camerounaise en exerçant comme professeur de Sciences Biologiques dans de nombreux établissements de la capitale Camerounaise. Parallèlement, il appuie certains enseignants du département de biochimie de l'université de Yaoundé I dans les travaux dirigés et travaux pratiques à l'intention des étudiants des cycles de Licence et de Master. Grand défenseur de la cause Africaine, Martin adore la lecture, les voyages et les danses traditionnelles Africaines.

Arnaud Romeo Noume qui est un grand passionné de la cause Africaine, a plusieurs années d'expérience en tant que Manager de premier rang. Né au Cameroun (Mbalmayo), il obtient un BTS (Brevet de Technicien Supérieur) en Mécanique Automobile à L'Institut Samba Supérieure avant d'aller continuer ses études en Angleterre.

Arnaud a fait ses études en Angleterre (Royaume-Uni) où il a obtenu un diplôme d'ingénieur (Licence des Ingénieurs) avec mention Très Bien (2:1) à l'Université de Bolton, et un diplôme de Master avec mention Excellent (First Class ou Distinction) à l'Université de Nottingham Trent où il sort major de sa promotion en 2007. Arnaud est un ingénieur de profession exerçant dans la Marine Britannique où il est responsable de la maintenance des bateaux de la flotte Anglaise. Marié et père de trois enfants, Arnaud adore la lecture et son met préféré est le Ndolè (repas célèbre du Cameroun). Arnaud est l'auteur d'un livre intitulé *«The Key Journey to Success» qui signifie «Le voyage clé vers le succès »*. Le présent ouvrage est le 3e livre publié par Arnaud, tous ses livres étant bilingues (Anglais et Français).